# HADI TEHERANI
## ARCHITEKT UND DESIGNER

EINE BIOGRAFIE VON MATTHIAS GRETZSCHEL

*Ich bin bestimmt nicht unter meinen Möglichkeiten geblieben, sondern habe im Gegenteil 150 Prozent rausgeholt.*

# Inhalt

# PROLOG

## Wie dieses Buch entstanden ist

„**IMMER WIEDER ERLEBE** ich an mir, dass ich Vergangenem nicht nachtrauere, Neuem gegenüber aber aufgeschlossen bin", hat Hadi Teherani in einem unserer zahlreichen Gespräche gesagt und damit eine Haltung zum Ausdruck gebracht, die charakteristisch für seine Persönlichkeit ist. „Ich bin zwar nicht mit dem silbernen Löffel im Mund geboren worden, aber doch ein Glückskind gewesen", sagt der gebürtige Iraner, der sich auch in Krisensituationen nicht entmutigen lässt, sondern stets nach vorn blickt und Zukunft als etwas versteht, das ihm die Möglichkeit bietet, weiterzumachen und neue Wege zu gehen. Das Kommende ist ihm immer wichtiger als das Vergangene, denn es ist noch nicht festgelegt und lässt sich formen, verändern, gestalten. Kreativität ist das Entscheidende im Leben dieses Architekten und Designers, für den Leben und Gestalten eins sind.

Und so war der Blick zurück, die Vergegenwärtigung von Vergangenem, für Hadi Teherani zunächst ungewohnt. Er selbst wäre wohl gar nicht auf die Idee gekommen, seine

Lebensgeschichte zu erzählen und zu veröffentlichen. Die Anregung dafür kann von der befreundeten Immobilienmaklerin Sarah Henningsen, die auch den Kontakt zum Hamburger Koehler Verlag herstellte. „Ich fand es wichtig, dass Hadi Teherani mit einem solchen Buch etwas Persönliches vermittelt, das für viele junge Architekten, Studenten und Architekturliebhaber, die vielleicht nicht die Möglichkeit haben, ihn selbst kennenzulernen, eine große Inspiration sein kann", sagt Henningsen.

Nicht zuletzt der 70. Geburtstag mag bei Teherani den Gedanken befördert haben, doch einmal auf das eigene Leben und Schaffen zurückzublicken, eine zumindest vorläufige Bilanz zu ziehen und der Frage nachzugehen, wie es dazu kam, dass aus dem Kind einer zunächst weitgehend mittellosen iranischen Einwandererfamilie ein erfolgreicher Architekt und Designer von internationalem Rang werden konnte.

Entstanden ist dieses Buch auf der Grundlage der Gespräche, die ich im Frühjahr und Sommer 2023 mit Hadi Teherani in Hamburg im Lofthaus am Elbberg und in seiner Wohnung an der Außenalster geführt habe. Im Lauf von vielen Stunden erzählte er mir seine gesamte Lebensgeschichte von der frühen Kindheit im Teheran der 1950er-Jahre über die Schulzeit in Hamburg bis zu den Studienjahren in Braunschweig und seiner bemerkenswerten beruflichen Karriere. Obwohl Teherani an manches Erlebnis lange Zeit nicht gedacht hat, sind seine Erinnerungen präzise und die Erzählungen unsentimental, zugleich aber oft ungemein atmosphärisch.

Wichtig sind ihm auch die „Wegmarken“, die sich der Vita anschließen. Darin beschreibt und erläutert er 22 Projekte, die ihm besonders am Herzen liegen, weil sie seinen künstlerisch-kreativen Werdegang exemplarisch beleuchten. Am Schluss des Buches steht ein vom Büro Teherani zusammengestelltes Werkverzeichnis.

MATTHIAS GRETZSCHEL
Hamburg, im Herbst 2023

*Für Rosa*

1.

# WURZELN

## KINDHEIT IN TEHERAN

↑ Innenhof eines typischen persischen Hofhauses

*Dieser Teheraner Innenhof war der Garten meiner Kindheit, ich sehe ihn noch heute vor mir als ein wunderbares Refugium.*

**WENN ICH AN** meine frühe Kindheit denke, habe ich ein Haus vor Augen, ein dreistöckiges Gebäude aus Backstein im südlichen Teil der persischen Hauptstadt nicht weit vom Hauptbahnhof. Hier wurde ich am 2. Februar 1954, einem Dienstag, früh um sieben Uhr als erstes Kind meiner Eltern geboren. Mein Geburtshaus war eines jener für Persien wie den Orient insgesamt typischen Hofhäuser. Wir wohnten dort gemeinsam mit den Großeltern und einigen weiteren Verwandten. Von außen wirkte das Haus mit seinen hohen Mauern abweisend, doch wenn man durch das große, aus zwei hölzernen Flügeln bestehende Tor trat, erreichte man einen geräumigen Innenhof mit Brunnen und Granatapfelbäumen. Draußen, auf den Straßen und Gassen, war es laut und lebhaft, gab es Gedränge und Geschrei, im Hof unseres Hauses eröffnete sich dagegen eine Welt der Geborgenheit, der Ruhe und des Schattens. Dieser Teheraner Innenhof war der Garten meiner Kindheit, ich sehe ihn noch heute vor mir als ein wunderbares Refugium. Meistens saßen meine beiden unverheirateten Tanten am Brunnen, dessen Wasser sie für ihre rituellen Waschungen nutzten. Sie waren sehr religiös und eigentlich immer mit Gott und dem Haus beschäftigt. Fünfmal am Tag beteten sie, was ich als kleines Kind so merkwürdig fand, dass ich sie manchmal nachäffte. Das war respektlos, aber da ich ein kleiner Junge war, verzieh man mir solche Unarten, denn in Persien wurde und wird Kindern fast alles verziehen. Die ersten Lebensjahre waren für mich eine glückliche Zeit, in der ich meine kleine Welt entdecken durfte, fast ohne Pflichten auferlegt zu bekommen.

An der großen hölzernen Haustür gab es zwei Klopfer mit unterschiedlichem Klang, der eine für Männer, der andere für Frauen. Wenn ein Mann Einlass begehrte, verschleierten sich meine Tanten, bevor sie die Tür öffneten. Kamen Frauen zu Besuch, war das nicht nötig. Unser Haus verfügte über zahlreiche Räume und dürfte eine Wohnfläche von mindestens 400 Quadratmetern gehabt haben. Außer meinen Großeltern väterlicherseits und meinen Eltern mit mir und meinem 1956 geborenen Bruder Hassan lebten dort die beiden unverheirateten Tanten sowie noch zwei unverheiratete Onkel, insgesamt also zehn Personen.

Das eigentliche Wohnzimmer befand sich im Souterrain, das man über eine Treppe erreichte. Dieser angenehm kühle Raum war mit Teppichen und Kissen ausgelegt. Im Erdgeschoss lag die Küche, in der es immer wunderbar roch. Dort beschäftigten sich meine Großmutter und meine Tanten vor allem mit der Zubereitung von Reisgerichten. Kein anderes Land hat eine so hoch entwickelte Reiskultur

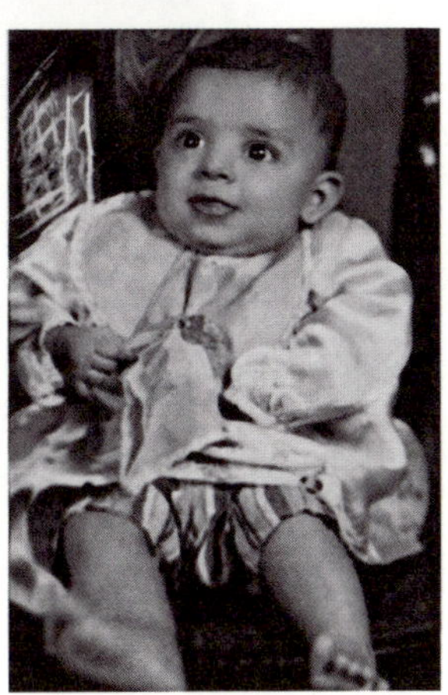

↑ **Jugendbildnis der Eltern, ca. 1949**

↗ **Hadi Teherani, ca. vier Monate alt, 1954**

↑ Der Basar in Teheran im Jahr 1986

wie Persien, und nirgendwo auf der Welt schmeckt der Reis so gut wie dort. Es gibt ganz unterschiedliche Sorten, die erst in Salzwasser eingelegt, dann gesäubert und gewaschen werden, bevor man sie dämpft und mit den verschiedensten Kräutern und Gewürzen verfeinert.

Wenn ich heute in Gedanken durch das Haus meiner Kindheit streife, sehe ich verschiedene Wohnräume, Gebetszimmer, Vorratskammern, vor allem aber jenes Zimmer, das ich selbst nur in seltenen Ausnahmefällen betreten durfte: das Besucherzimmer. Es lag im ersten Obergeschoss über dem Eingang und wurde durch einen über die Fassade auskragenden, mit Schnitzereien reich verzierten Holzerker erweitert, der für einen angenehmen Luftzug sorgte. Das Besucherzimmer war der vornehmste Raum im ganzen Haus. Es war mit Teppichen belegt und mit bequemen Polstern ausgestattet. Wenn die Familie Gäste empfing, stand ihnen dieses Zimmer zur Verfügung. Im Alltag wurde es von meinem Großvater genutzt. In den Regalen an den Wänden standen seine Bücher Als gläubiger Moslem las er oft religiöse Werke. Er hatte die heiligen Stätten in Mekka und Medina besucht und trug daher den Ehrentitel *Hadschara*. So redete auch ich ihn an, nicht als *Baba bozorgh,* was Großvater heißt. Morgens verließ er das Haus und suchte seinen Laden im Basar auf. Er handelte mit Lebensmitteln, vor allem mit Gewürzen. Gegen Mittag kam er zurück und zog sich nach dem Essen ins Besucherzimmer zum Mittagsschlaf zurück. Dann mussten wir Kinder still sein, um ihn nicht zu stören. Da es in Teheran in den Sommermonaten heiß ist und Temperaturen

*Da es in Teheran in den Sommermonaten heiß ist und Temperaturen von bis zu 35 Grad Celsius erreicht werden, schliefen wir nachts meistens auf den Flachdächern des Hauses.*

von bis zu 35 Grad Celsius erreicht werden, schliefen wir nachts meistens auf den Flachdächern des Hauses. Dort gab es einen Raum, in dem tagsüber Matratzen, Kissen und Decken gelagert wurden. Nach Einbruch der Nacht richteten die Tanten das Bett für mich. Ich erinnere mich an den wunderbaren Sternenhimmel, den ich vor dem Einschlafen noch lange betrachtete. Da es in den 1950er-Jahren in Teheran noch wenig Luft- und Lichtverschmutzung gab, waren damals viel mehr Sterne am Firmament zu sehen als heute.

Wenn ich morgens die Treppe hinunterstieg, saß meine Großmutter meistens am Brunnen im Hof und rauchte ihre Wasserpfeife. Dort stand auch ein Samowar, in dem den ganzen Tag über heißer Tee bereitet wurde. Auch Großmutter war religiös und hatte sogar eine Pilgerreise nach Mekka absolviert. Beide Großeltern konnten ihre Familien bis auf Mohammed zurückführen, waren daher hochgeachtete *Sayyid*. Einen vom Schicksal so privilegierten Mann kann man in der Öffentlichkeit sofort erkennen, denn nur er darf einen schwarzen Turban tragen. Umso erstaunlicher war die Toleranz, die die Großeltern meinem 1933 geborenen Vater Ahmad gegenüber bewiesen. Eigentlich, so hatte es Großvater bestimmt, sollte Ahmad als ältester Sohn ein Mullah werden. Doch mein Vater interessierte sich nicht für Religion, umso mehr aber für Theaterspielen und Tanzen. Wenn er als Kind die Koranschule aufsuchen sollte, traf er dort nie ein. Stattdessen

↗ Der Vater Ahmad als junger Mann

nahm er den Turban ab, steckte ihn in die Tasche, bog ein paar Gassen vor der Koranschule ab und suchte ein Theater auf, in dem er nicht nur im Publikum saß, sondern auch selbst auf der Bühne spielen und tanzen lernte. Vermutlich hatte das zu Konflikten mit seinen Eltern geführt, doch davon bekam ich nichts mehr mit, denn offenbar hatten sie sich damit abgefunden, dass ihr Ältester kein religiöser Mensch war. Er hat dann als Elektriker gearbeitet.

Auch ich musste nicht in die Moschee gehen und auch keine Koranschule besuchen, dafür wäre ich wohl ohnehin noch zu klein gewesen. Dafür erinnere ich mich aber an Pilgerreisen, zu denen mich meine Eltern mitgenommen haben. Besonders beeindruckt hat mich ein Besuch in Maschhad, dem wichtigsten religiösen Zentrum Persiens. Dort befindet sich das Mausoleum von Imām ar-Riḍā, einem Nachfahren von Mohammed, der als achter Imam gilt und von den Schiiten hoch verehrt wird. Der mit kostbaren Spiegelmosaiken ausgekleidete Innenraum des Mausoleums hat mich fasziniert. Ich erinnere mich, wie eine riesige Menschenmenge im Raum zu dem von einem vergoldeten Gitter umgebenen Schrein drängte, um ihn mit den Händen zu berühren oder gar zu küssen. Ich hielt mich am Gewand meines Vaters fest, denn ich hatte Angst, sonst in der Menge verloren zu gehen.

Einen Teil meiner Kindheit habe ich auch außerhalb von Teheran bei den Eltern meiner Mutter verbracht. Sie lebten in der Kleinstadt Gushan unweit von Nischapur, wo Mitte des 11. Jahrhunderts der persische Universalgelehrte und Dichter Omar Chayyām geboren wurde. Meine

↑ Der mit kostbaren Spiegelmosaiken ausgekleidete Innenraum des Mausoleums von Imām ar-Riḍā in Maschhad im Nordosten des Iran

↑ Die Großeltern mütterlicherseits mit einer Cousine

↗ Darstellung des persischen Universalgelehrten Omar Chayyām (1048–1131)

> *Meine Großmutter mütterlicherseits gehörte wahrscheinlich zu den Nachkommen dieses großen Philosophen, dessen Bedeutung sich mit derjenigen von Johann Wolfgang von Goethe vergleichen lässt.*

Großmutter mütterlicherseits gehörte wahrscheinlich zu den Nachkommen dieses großen Philosophen, dessen Bedeutung sich mit derjenigen von Johann Wolfgang von Goethe vergleichen lässt. Auch diese Großmutter saß oft im Hof ihres Hauses und rauchte Wasserpfeife. Was sie geraucht hat, weiß ich nicht. Sie sah aus wie eine alte, hagere und weise Indianerin. Sie rührte sich kaum von der Stelle und wirkte für mich, als sei sie aus einer anderen Welt. In diesem Großeltern-Haus ging es noch traditioneller zu als bei uns. Aber auch in Teheran mussten die Kinder ihre Eltern und Großeltern siezen, manchmal sogar die älteren Brüder.

Die einzige religiöse Pflicht, die man mir zu Hause auferlegte, habe ich ausgesprochen gern erfüllt. Da das Almosengeben zu den religiösen Verpflichtungen gehört, beauftragte mich mein Großvater von Zeit zu Zeit mit dem Verteilen von Gaben. Ich bekam also Päckchen mit Geld oder Lebensmitteln und sollte sie zu Bedürftigen in der Nachbarschaft bringen. Da die Anonymität des Spenders gewahrt werden musste, durfte ich dabei nicht gesehen werden. Also schlich ich mich an den Eingang des jeweiligen Hauses, legte die Gabe ab, klopfte und rannte, so schnell ich konnte, davon. Ich glaube, es ist mir immer gelungen, ungesehen wieder nach Hause zu kommen.

Auf den Straßen und Gassen unseres Wohnviertels ging es stets lebhaft zu. Autos gab es damals noch nicht so viele, dafür aber Pferdewagen und Eselskarren. Auf den Straßen verliefen offene Kanäle, so ähnlich wie wir das in Deutschland aus Freiburg kennen. Man lief also meist an der Hauswand entlang und musste aufpassen, nicht in den Kanal zu treten. An diesen kleinen Kanälen, die auch zur Bewässerung von Bäumen dienten, haben wir als Kinder oft gespielt.

Als ich geboren wurde, hatte Teheran gerade die Grenze zur Millionenstadt überschritten. Das neoklassizistische, mit Travertin- und Kalksteinplatten verkleidete Empfangsgebäude des Hauptbahnhofs am Rah-Ahan-Platz, das wir in wenigen Minuten zu Fuß erreichen konnten, war 1935 von der Philipp Holzmann AG erbaut worden. Persien verfügte damals schon über ein gut ausgebautes Schienennetz. Da wir kein Auto besaßen, sind wir oft mit dem Zug gefahren. Dass sich der Iran damals in einer schweren innenpolitischen Krise befand, berührte die Welt meiner Kindheit nicht. Erst sehr viel später erfuhr ich, dass am 19. August 1953, also ungefähr ein halbes Jahr vor meiner Geburt, der iranische Premierminister Mohammad Mossadegh völkerrechtswidrig gestürzt worden war. Da er die Verstaatlichung der Anglo-Iranian Oil Company durchgesetzt hatte, deren Gewinne bis dahin größtenteils von Großbritannien eingestrichen worden waren, betrieben der britische MI6 und die amerikanische CIA in einer Geheimmission Mossadeghs Sturz. Es gab Unruhen und Massendemonstrationen, und schließlich erreichten die Geheimdienste die Wiedereinsetzung des Schahs als Machthaber. Inzwischen räumen die USA die Rolle der CIA

↑ **Der prächtige Golestanpalast aus dem späten 18. Jahrhundert war früher die Residenz der persischen Herrscher.**

↑ Empfangshalle des 1935 von der Philipp Holzmann AG erbauten Teheraner Hauptbahnhofs

↓ Mohammad Mossadegh, iranischer Premierminister von 1951 bis 1953

→ Mohammad Reza Pahlavi, iranischer Schah von 1941 bis 1979

*Als ich fünf oder sechs Jahre alt war, verkündete ich meiner Familie, dass ich mit dem Esel nach Deutschland reiten würde.*

beim Sturz von Mossadegh offen ein. In seiner Rede an die islamische Welt sagte der damalige US-Präsident Barack Obama 2009: „Mitten im Kalten Krieg spielten die Vereinigten Staaten eine Rolle beim Sturz einer demokratisch gewählten iranischen Regierung."

Natürlich haben meine Großeltern und meine Eltern diese politischen Entwicklungen verfolgt, ohne allerdings an den Auseinandersetzungen aktiv teilzunehmen. Als sich meine Eltern 1960 dazu entschlossen, mit mir und meinem Bruder Hassan nach Deutschland auszuwandern, geschah das nicht aus politischen Gründen. Vielleicht war das Zusammenleben mit meinen Großeltern auf die Dauer doch etwas einengend, vor allem glaubten meine Eltern aber, dass es ihnen im damaligen Wirtschaftswunderland Bundesrepublik Deutschland gelingen würde, ein besseres Leben führen zu können. In diesem Zusammenhang gibt es eine Kuriosität, an die mich meine Angehörigen bis heute erinnern: Als ich fünf oder sechs Jahre alt war, verkündete ich meiner Familie, dass ich mit dem Esel nach Deutschland reiten würde. Ich hatte keine Ahnung, wo oder was Deutschland war. Wahrscheinlich hatte ich den Namen irgendwann aufgeschnappt. Aber schon als Kind war ich allem Neuen gegenüber aufgeschlossen. Und eine Auswanderung nach Deutschland machte mir keine Angst. Mit meinen Eltern wäre ich überallhin gegangen.

2.

# ORTSWECHSEL

## SCHULZEIT IN HAMBURG

↑ **Hadi Teherani im Alter von acht Jahren**

*Für mich war es der spannende Aufbruch in ein neues Land.*

**ALS MEINE ELTERN** 1960 den Entschluss fassten, nach Deutschland auszuwandern, war ich sechs Jahre alt. Für eine vierköpfige Familie mit zwei kleinen Kindern war allein schon die Reise beschwerlich. Heute braucht man mit dem Flugzeug von Teheran nach München weniger als fünf Stunden. Einen Flug hätten meine Eltern damals niemals bezahlen können. So blieb für die etwa 4.500 Kilometer lange Strecke nach München, unserem ersten Ziel in Deutschland, nur die Fahrt mit der Eisenbahn und mit Bussen. Für meine Eltern wird es strapaziös gewesen sein, für mich war es ein Abenteuer. Ich kann mich allerdings nur noch ganz dunkel an unsere Auswanderung erinnern. Von Persien aus ging es zunächst in die Türkei, dann über teilweise sehr schlechte Straßen nach Bulgarien, schließlich durch das damalige Jugoslawien nach Österreich und weiter nach München. Insgesamt sind wir mindestens eine Woche unterwegs gewesen, wahrscheinlich sogar länger. Übernachtet haben wir meistens in unserem Zelt, Hotelzimmer wären zu teuer gewesen. Später wurde mir diese

Strecke sehr vertraut, denn in den Sommerferien sind wir immer mit dem Auto nach Teheran gefahren, einmal mit einem schönen Borgwardt Isabella, einmal auch mit einem VW-Bus Bulli.

Wie meine Eltern die Reise damals organisierten, was sie an Gepäck mit sich führten, welche Dinge sie für den Start in Deutschland mitgenommen hatten, das alles hat mich als Kind nicht interessiert. Für mich war es der spannende Aufbruch in ein neues Land. Als wir irgendwann in München eintrafen, lernten meine Eltern dort eine andere iranische Familie kennen, die sich in Deutschland schon auskannte und uns helfen konnte. Diese Iraner besaßen sogar ein Auto, hatten aber keinen Führerschein. Da sie in verschiedenen Orten Dinge erledigen mussten, hat mein Vater sie mehrere Tage lang gefahren. Anschließend konnte er sogar das Auto übernehmen. Wir hatten zwar keine Wohnung, mein Vater hatte noch keine Arbeit, wir besaßen aber ein Auto.

Damit fuhren wir Richtung Norden, durch die DDR nach Westberlin. Ich kann mich erinnern, dass die Eltern, nachdem sie vergeblich versucht hatten, eine bezahlbare Übernachtungsmöglichkeit zu finden, darangingen, auf einem Grünstreifen neben der Straße unser Zelt aufzubauen. Da kam ein vielleicht zwölfjähriger Junge, der uns zu erklären versuchte, dass man neben der Straße nicht einfach zelten darf. Wir haben ihn zunächst nicht verstanden, da ja noch niemand von uns Deutsch sprach. Aber er war ganz rührend und machte uns begreiflich, dass wir ihn begleiten sollten. Er nahm uns zu seinen Eltern mit, die

*Die Alster erschien mir damals wie ein Meer. Direkt vor dem Haus war die Station der Alsterfähre, die hinüber nach Harvestehude zum Fährdamm fuhr, dorthin wo heute das Restaurant Alstercliff ist.*

uns mehrere Tage lang beherbergten: Willkommenskultur in einer Zeit, in der dieses Wort noch gar nicht erfunden war. Zum Dank hat mein Vater ihnen einen Teppich geschenkt. Später haben wir versucht, wieder Kontakt mit der Familie aufzunehmen, sie aber leider nicht mehr gefunden.

Bald danach fuhren wir weiter nach Hamburg, wo sich meine Eltern bei der persischen Gemeinde meldeten. An die Ankunft in Hamburg kann ich mich nicht mehr erinnern, wohl aber daran, dass wir schon nach wenigen Tagen in ein kleines Haus einziehen konnten. Es stand auf einem Grundstück an der Schönen Aussicht, also direkt an der Außenalster. Kurz zuvor hatte die persische Gemeinde dieses Areal gekauft, um hier eine Moschee zu erbauen. Außer vielen Kastanienbäumen stand dort nur das Haus, in dem wir die folgenden drei Jahre gewohnt haben.

Das Leben in Hamburg fand ich von Anfang an gut. Es gab so viel Neues zu entdecken, an Heimweh habe ich nie gelitten. Während wir an der Alster wohnten, wurde der Bau der Moschee geplant und langsam vorbereitet. Auf dem Grundstück bin ich Fahrrad gefahren, mit einem großen Herrenfahrrad, für das ich eigentlich viel zu klein war. Ich konnte nicht richtig darauf sitzen, sondern musste meine Beine durch den Rahmen stecken. Die Zeit an der Schönen Aussicht fand ich sehr angenehm. Die Alster erschien mir damals wie ein Meer. Direkt vor dem Haus war

↑ Die Eltern mit Hadi und dem zwei Jahre jüngeren Hassan

↗ Unweit der ersten Hamburger Wohnung der Teheranis befand sich eine Haltestelle der Alsterfähre.

die Station der Alsterfähre, die hinüber nach Harvestehude zum Fährdamm fuhr, dorthin wo heute das Restaurant Alstercliff ist. Wenn ich in die Fähre stieg, stellte ich mir immer vor, dass ich mit dem Schiff nach Amerika fahren würde.

Die Alster war mein Spielrevier, was auch Gefahren mit sich brachte. Einmal spielte ich mit meinem Bruder auf der zugefrorenen Außenalster, als ich plötzlich durchs Eis brach und sofort unterging. Irgendein Erwachsener hat mich gerettet und rausgezogen. Es war ein sonniger und bitterkalter Tag. Trotz der Kälte bin ich nicht nach Hause gegangen, sondern durch die Gegend gelaufen, um meine Kleidung wieder trocken zu bekommen. Ich hatte Angst, von den Eltern ausgeschimpft zu werden. Erst am Abend ging ich nach Hause und verschwand sofort in mein Zimmer, wo ich den Schlafanzug anzog, um früh ins Bett zu gehen. Das hat meine Eltern sehr verblüfft, denn normalerweise wollte ich abends nie zu Bett gehen. Erstaunlicherweise habe ich mich nicht erkältet, als Kind ist man manchmal unerwartet widerstandsfähig.

Hamburg war eine Großstadt wie Teheran. Natürlich hörte man hier keinen Muezzin, sondern Kirchenglocken, aber ich empfand die Unterschiede nicht als besonders groß. Für meine Eltern war das anders. Meine Mutter staunte, wie groß die Menschen in Deutschland sind. Sie fand auch, dass die deutsche Sprache sehr hart klingt. Für mich spielte das keine Rolle.

Mein Vater hat zunächst wie schon zuvor in Teheran als Elektriker gearbeitet, fing dann aber bald an, Teppiche zu verkaufen. Er hat sich Kommissionsware aus dem Hafen

*Kindheitserinnerungen werden immer von den Geschichten überlagert, die die Eltern erzählen und an die man sich später selbst zu entsinnen glaubt.*

geholt und diese dann weiterverkauft. Eine Zeit lang hatten wir auch ein Lager in der Speicherstadt, aber im Gegensatz zu den hier schon lange ansässigen persischen Familien war er ein Quereinsteiger, der sich immer wieder neu orientierten musste. Ich erinnere mich daran, dass ich selbst in der Speicherstadt Teppiche zusammengelegt habe. Durch den Verkauf von Teppichen ergaben sich auch Bekanntschaften. Da gab es zum Beispiel eine nette Familie in Oldenburg, der wir mal einen Teppich verkauft haben. Daraus entstand sogar eine Freundschaft, sodass wir diese Leute noch mehrfach besuchten.

Kindheitserinnerungen werden immer von den Geschichten überlagert, die die Eltern erzählen und an die man sich später selbst zu entsinnen glaubt. Manchmal ist das schwer zu unterscheiden. Sehr genau erinnere ich mich aber an den Februar 1962, als die Sturmflut über Hamburg hereinbrach. Ich weiß noch, dass in dieser Nacht unser Haus unter Wasser stand, nicht nur der Keller, sondern auch das Erdgeschoss. Ich fand das spannend. Dass uns diese Wassermassen vielleicht in Gefahr bringen könnten, kam mir nicht in den Sinn.

Aber zurück ins Jahr 1960, in dem ich sechs Jahre alt und damit nach deutschem Recht schulpflichtig war. Also kam ich in die Grundschule, verstand aber zunächst kein Wort Deutsch. Die erste Klasse bestand aus 30 fast ausschließlich deutschen Kindern, die sich viel zu erzählen hatten, von dem ich absolut nichts verstand. Zunächst

↗ **Der Vater in seinem Teppichlager in der Speicherstadt**

↑ **Klassenfoto aus Eidelstedt**

redeten wir mit Händen und Füßen, doch meine Mitschüler waren hilfsbereit und brachten mir binnen Kurzem die Sprache bei. Sie zeigten auf Gegenstände und nannten das deutsche Wort. „Das ist ein Stuhl. Das ist der Tisch. Das ist die Tafel." Auf diese Weise habe ich ganz schnell Deutsch gelernt, viel schneller und besser als meine Eltern, die am Anfang noch sehr auf die Hilfe der persischen Gemeinde angewiesen waren.

Die Schule war und blieb für mich trotzdem ein schwieriges Kapitel. Ich hatte vor allem große Probleme mit der deutschen Rechtschreibung, aber auch in anderen Fächern. Zu Hause konnte mir niemand helfen. Da ich in Teheran noch nicht zur Schule gegangen war, konnte ich Persisch nur sprechen, nicht lesen und schreiben. Auf die Persisch-Sprachkurse, die in der Gemeinde angeboten wurden, hatte ich keine Lust. Zu Hause sprachen wir natürlich Persisch, doch später war es dann so, dass meine Geschwister und ich den Eltern immer häufiger nur noch auf Deutsch antworteten. Im Grunde ist das bis heute so. Ich habe mein Persisch zwar inzwischen aufgefrischt, kann es also ganz gut sprechen. Aber in den Unterhaltungen mit den Eltern ist es dann doch oft ein Mix aus persischen und deutschen Wörtern und Formulierungen. Ich träume auch eher auf Deutsch als auf Persisch.

Noch als wir an der Alster wohnten, erkrankte mein Vater schwer an Tuberkulose, was in den 1960er-Jahren noch lebensbedrohlich war. Er kam ins Krankenhaus, und meine Mutter, die bis dahin Hausfrau war, musste auf einmal auch finanziell für die Familie sorgen. Deshalb begann

*Meine Klassenkameraden fuhren vielleicht an die Ostsee, auf eine Nordseeinsel oder nach Bayern, ich dagegen reiste nach Persien, was für ein Hamburger Schulkind schon ziemlich exotisch war.*

sie als Näherin zu arbeiten, am Anfang in einer Schneiderei am Hofweg, später in der Caffamacherreihe bei der recht bekannten Firma Paulsen. Nachdem der Vater als geheilt aus dem Krankenhaus entlassen worden war, verließen wir das Haus an der Schönen Aussicht und zogen in eine Neubauwohnung in der Desenißstraße. 1964 vergrößerte sich unsere Familie erneut, als mein jüngster Bruder Djalal geboren wurde.

Die Sommerferien sehnte ich immer herbei, auch weil wir dann für sechs Wochen nach Teheran fuhren. Meine Klassenkameraden fuhren vielleicht an die Ostsee, auf eine Nordseeinsel oder nach Bayern, ich dagegen reiste nach Persien, was für ein Hamburger Schulkind schon ziemlich exotisch war. Während unserer Abwesenheit überließen wir unsere Wohnung einmal einer befreundeten Familie, was sich als keine gute Idee erweisen sollte. Denn die Leute benahmen sich offenbar so schlecht, dass der Vermieter uns anschließend kündigte. Zum Glück fanden die Eltern schnell eine Wohnung in einer Neubausiedlung der SAGA in Eidelstedt. Während wir dort wohnten, kam auch mein Onkel Mahmud Tehrani nach Hamburg und zog in unsere Nachbarschaft.

Mutter arbeitete weiterhin als Näherin, und Vater kam mit seinem Teppichhandel immer besser ins Geschäft. So konnten sie genug Geld sparen, um 1968 in Schnelsen ein großes Baugrundstück zu erwerben. Sie entschieden

↗ **Die Mutter mit ihren drei Söhnen Hadi, Djalal und Hassan (von rechts)**

sich dafür, die Hälfte des Grundstücks weiterzuverkaufen und mit dem damit erzielten Gewinn ein Haus zu bauen. Schon 1969 konnten wir in unser eigenes Haus einziehen. Meine Eltern, die 1960 fast mittellos als Einwanderer nach Deutschland gekommen waren, hatten in weniger als einem Jahrzehnt den sozialen Aufstieg geschafft und besaßen nun ihr eigenes Haus, in dem meine Mutter bis heute lebt.

In Schnelsen wohnten wir in einem fast ausschließlich deutschen Umfeld. Das ist für Iraner nicht untypisch, denn anders als zum Beispiel Türken, die meist engen Kontakt zu ihren Landsleuten halten, integrieren sie sich viel schneller. Ich habe immer deutsche Spielkameraden und Freunde gehabt, also nie in einem rein iranischen Kreis gelebt. Natürlich hatten meine Eltern auch ein paar persische Freunde, die wir auch hin und wieder besuchten, aber in unserer Wohngegend gab es außer uns keine Iraner. Den Bau der Moschee an der Schönen Aussicht habe ich nicht weiter verfolgt. Ich weiß nur, dass kurz vor unserem Auszug dort vor Beginn der Bauarbeiten die ersten Bäume gefällt wurden. Später habe ich die Moschee selbstverständlich kennengelernt. Das Gebäude, das die beiden Hamburger Architekten Gottfried Schramm und Jürgen Elingius gemeinsam mit ihrem iranischen Kollegen Zargarpoor bauten, gefällt mir bis heute. Es ist keine überfrachtete Architektur, sondern zeigt klare Linien und ist an der persischen Bautradition orientiert. Vier- oder fünfmal im Jahr, zu den großen Festen, gingen die Eltern in die Moschee und nahmen uns Kinder auch mit. So lernte ich auch einige der Mullahs kennen, die als Geistliche nach Hamburg geschickt wurden. Manchmal luden die Eltern auch einen der Mullahs nach Schnelsen zum Abendessen ein. Auf diese Weise bin ich zum Beispiel Mohammad Chātami begegnet, der von 1978 bis 1980 die Hamburger Moschee geleitet hat. Der nach iranischen Maßstäben als gemäßigt geltende Geistliche amtierte von 1997 bis 2001 als Staatspräsident.

Aber zurück zu meiner Schulzeit, die mir keine Freude und meinen Eltern große Sorgen bereitet hat. Nach der Grundschule besuchte ich die gerade im Aufbau befindliche neue Gesamtschule in Eidelstedt. Sie war damals noch behelfsmäßig in Containern untergebracht. Zum Baubeginn des neuen Schulgebäudes gab es einen Festakt, bei dem einige Dokumente in einer Kartusche in den Grundstein gelegt wurden. Darunter befand sich zu meinem Stolz eine meiner Zeichnungen. Das kann man fast als eine Vorbestimmung sehen, denn bis heute gehören Zeichnungen von mir zu den Dokumenten, die in die Grundsteine meiner Bauprojekte verlegt werden. Aber daran war damals natürlich nicht zu denken. Vor allem meine Mutter machte sich völlig zu Recht große Sorgen in Hinblick auf meine Zukunft. Mehrfach engagierte sie Nachhilfelehrer, doch meine schulischen Leistungen wurden kaum besser. Ich blieb mehrfach sitzen und fiel sonst nur durch spaßige Aktionen auf, die mich zwar nicht weiterbrachten, mich aber bei Mitschülern und manchmal sogar bei Lehrern beliebt machten. Sicher war ich ein bisschen vorlaut und frech, aber nicht bösartig, sondern eher lustig. Berühmt waren die Karikaturen, mit denen ich einzelne

Lehrer auf die Schippe nahm. Obwohl ich die Prüfung für die Zulassung zur Gymnasialstufe zu meinem eigenen Erstaunen knapp geschafft hatte, bin ich in der 7. Klasse dann doch rausgeflogen. Immerhin hatte ich sieben Fünfen auf dem Zeugnis. Und zwei Einsen: in Zeichnen und in Sport.

Für einen solchen Schüler eine neue Schule zu finden, das war für meine Eltern schon eine echte Herausforderung. Niemand hätte damals geahnt, dass sich plötzlich alles zum Guten wenden würde. Mein Vater war im Jenisch-Gymnasium vorstellig geworden, einer Privatschule, die in dem Ruf stand, auch mit schwierigen Kindern umgehen zu können. Da er das hohe Schulgeld nicht zahlen konnte, bot er dem Direktor einen Deal an, auf den dieser sich sogar einließ: Er bekam einen kostbaren Teppich – und ich wurde Zögling der „Jenisch-Schule Privates Gymnasium", so der offizielle Name. Hier war alles anders als in Eidelstedt. Der Unterricht, die Lehrer, die Mitschüler. Während es in Eidelstedt viele Kinder aus sozial schwierigen Verhältnissen gab, die als Rocker Revierkämpfe austrugen, begegnete ich dort Kindern aus eher reichen Familien, die hier zum Lernen gebracht werden sollten. Ich fühlte mich sofort wohl und hatte schnell Kontakt zu meinen Mitschülern, die mich auch gut aufnahmen. Der Unterricht war interessanter, auf einmal verbesserten sich auch meine Leistungen. Ich fand schnell Freunde und wurde auch zu ihnen nach Hause eingeladen. Zu manchen habe ich bis heute Kontakt, etwa zu dem Reeder Jochen Döhle. Trotzdem hatte ich noch keine Ahnung, was ich einmal beruflich machen könnte.

↗ **Hadi Teherani (sitzend) mit Schulkameraden**

*Die neuesten Platten besorgte ich mir immer bei meinen Besuchen in Teheran, was damals eine moderne und westlich geprägte Metropole mit schicken Cafés, Bars und Clubs war.*

Meine Gymnasialzeit in den späten 1960er- und frühen 1970er-Jahren fiel in die Ära der Studentenbewegung. Ständig gab es Demos, Proteste und Auseinandersetzungen mit den staatlichen Institutionen, aber auch neue Musik und Mode und eine bis dahin unbekannte Jugendkultur. Die neuesten Platten besorgte ich mir immer bei meinen Besuchen in Teheran, das damals eine moderne und westlich geprägte Metropole mit schicken Cafés, Bars und Clubs war. Wenn man sich Fotos von Straßenszenen der iranischen Hauptstadt vor der Revolution ansieht, wird man kaum Frauen mit Tschador und Kopftuch, dafür viele mit Minirock entdecken.

Als Perser war ich damals in Deutschland in einer besonderen Situation, denn die Zeitungen, vor allem die Illustrierten, berichteten ausführlich über Schah Mohammad Reza Pahlavi und seine Frau Farah Diba. Für die Deutschen hatte der Orient einen ganz anderen Stellenwert als heute. Man dachte an Tausendundeine Nacht, und der Schah auf dem berühmten Pfauenthron schien dem Klischeebild eines orientalischen Herrschers ziemlich genau zu entsprechen. Und dann sahen seine Frau und er auch noch toll aus. Dadurch genoss man als Perser in der deutschen Gesellschaft auch ein höheres Ansehen. Andererseits wurden der Schah und sein repressives Regime für die Studenten und die junge Generation in Deutschland und Westeuropa bald zu einem Feindbild. Ausgerechnet der Schah-Besuch in Deutschland im Juni

1967 wurde zu einem Schlüsselereignis der studentischen Protestbewegung. Vor allem der Tod des Studenten Benno Ohnesorg, den der Polizist Karl-Heinz Kurras am 2. Juni 1967 bei einer Anti-Schah-Demonstration in Westberlin erschoss, erhitzte die Gemüter. Als das Herrscherpaar am Tag darauf Hamburg besuchte, gab es auch hier große Protestaktionen und teilweise brutale Polizeieinsätze. Erstaunlicherweise hat sich mir das aus eigenem Erleben gar nicht so stark eingeprägt. Meine Eltern waren zwar keine begeisterten Anhänger des Regimes, hatten aber auch nichts gegen den Schah und waren letztlich an politischen Fragen nicht besonders interessiert. Vor allem aber lebten sie nicht im Iran, sondern in Deutschland.

Dass meine Zukunft nicht im Iran, sondern in Deutschland stattfinden würde, war mir damals schon klar. Ich ging aufs Gymnasium und träumte viel. Als einer der Lehrer mir eines Tages die Hand auf die Schulter legte und sagte: „Hadi, du träumst ja. Warum schreibst du nicht mit?", antwortete ich frech: „Ich muss mich auf meine Karriere vorbereiten." Mein Problem war nur, dass ich keine Ahnung hatte, was das für eine Karriere sein könnte. Immerhin habe ich 1974 meine Abiturprüfung bestanden, wenn auch nicht mit Glanz und Gloria, sondern eher mit Ach und Krach.

Dann kamen erst einmal lange Sommerferien, in denen ich einen BMW von Hamburg nach Teheran überführte und dafür 2.000 Mark bekam – genug für ein paar schöne Wochen mit Partys und viel Spaß. Als ich zurück in Hamburg war, übernahm ich das kleine Konfektionsgeschäft an der Grindelallee, das meine Mutter seit ein paar

↑ Hadi Teherani als Zwanzigjähriger

*Da ich partout nicht wusste, was ich machen soll, warf ich eine 50-Pfennig-Münze in die Luft. So fiel die Entscheidung für Architektur.*

Jahren betrieb. Morgens um neun Uhr schloss ich es auf und wartete auf Kunden, die manchmal kamen, manchmal aber auch nicht. Das fand ich frustrierend. Und so schwor ich mir, dass das nicht mein Leben sein kann: im Laden sitzen und darauf warten, dass jemand vielleicht etwas kauft.

Wahrscheinlich, so schien es mir nun, ist es doch besser zu studieren. Da meine Zeugnisse mit Ausnahme von Kunst nicht gut waren, bewarb ich mich an der Kunstschule Setzke am Alsterdamm mit meinen Zeichnungen für ein Studium der Werbegrafik. Gleichzeitig schickte ich meine Bewerbung für ein Architekturstudium an die Technische Universität (TU) Braunschweig. Zu meinem großen Erstaunen erhielt ich zwei Zusagen. Da ich partout nicht wusste, was ich machen sollte, warf ich eine 50-Pfennig-Münze in die Luft. So fiel die Entscheidung für Architektur.

3.

# PRÄGUNGEN

## STUDIUM IN BRAUNSCHWEIG

↑ **Hadi Teherani als Student in Braunschweig, ca. 1977**

*Da ich mich durch meinen Stil und Auftritt von den allermeisten Studenten unterschied, öffneten sich mir völlig unerwartet viele Türen.*

**IM WINTERSEMESTER 1977** begann ich an der TU Braunschweig mit dem Studium der Architektur. Dass Braunschweig nicht nur eine schöne, sondern auch eine altehrwürdige Stadt ist, deren Geschichte bis ins 9. Jahrhundert zurückreicht, wusste ich nicht. Ich hatte noch nie etwas von Heinrich dem Löwen gehört und auch nicht von der kunstgeschichtlich bedeutenden Jakobskirche oder dem Dom St. Blasii. Ich wusste noch nicht einmal so genau, wo Braunschweig liegt, hatte mir das auch auf der Karte nicht richtig angesehen und war mit meinem vollgepackten VW-Käfer von Hamburg aus mehr nach Gefühl zu meinem künftigen Studienort gefahren. Prompt ging es schief: Ich fuhr erst einmal die Autobahn 7 Richtung Hannover und dann Richtung Bielefeld bis Dortmund und wunderte mich, Braunschweig noch immer nicht erreicht zu haben. Als ich mich endlich an einer Tankstelle nach dem Weg erkundigte, erfuhr ich, dass ich mich total verfahren hatte. Ich hätte natürlich in Richtung Helmstedt und der damaligen Zonengrenze fahren müssen statt ins Ruhrgebiet.

Als ich irgendwann doch in Braunschweig eintraf, kam es mir ziemlich fremd vor. Mit seinen nicht einmal 250.000 Einwohnern erschien es mir als Kleinstadt, was zumindest aus Hamburger Perspektive ja auch zutrifft. Ich stellte das Auto ab, ging durch die Stadt spazieren und staunte. Die Einwohner kleideten sich viel biederer als die Leute in Hamburg oder auch in Düsseldorf. Im ersten Moment war ich irritiert und zweifelte, ob ich mich hier jemals heimisch fühlen würde. Deshalb besorgte ich mir eine Unterkunft in der Nähe zur Autobahn, um möglichst schnell wieder nach Hamburg fahren zu können. Das war ein Fehler, da ich nun täglich eine unnötig lange Anfahrt zur Uni hatte.

Bei der Einschreibung zum Architekturstudium in der Technischen Universität stellte ich fest, dass ich es überwiegend mit sehr jungen Kommilitonen zu tun hatte. Manche wirkten fast noch wie Kinder. Viele waren zwei, einige sogar vier Jahre jünger als ich. Da ich in der Schule zweimal sitzen geblieben war und nach dem Abitur drei Jahre gewartet hatte, war ich zwangsläufig ein vergleichsweise alter Studienanfänger.

Schon nach einem halben Jahr suchte ich mir mit meinem Kommilitonen Michael Zimmermann eine andere Wohnung, viel näher an der Uni. Mit Zimmermann, der seine berufliche Tätigkeit später bei von Gerkan, Marg und Partner (gmp) in Hamburg begonnen und danach mit KSP Engel und Zimmermann Architekten sein eigenes Büro gegründet hat, verstand ich mich hervorragend. Wir wohnten insgesamt sechseinhalb Jahre zusammen, also fast während der gesamten Braunschweiger Studienzeit.

↑ **Das historische Hauptgebäude der TU Braunschweig**

Ich erinnere mich noch gut an unsere ersten Vermieter. Wohl aufgrund meines Namens ahnten sie, dass ich Ausländer bin. Als wir uns der Familie vorstellten, öffnete der Mann die Tür, sah mich, drehte sich zu seiner Frau um und sagte: „Zum Glück ist es kein Schwarzer." Er war nicht unfreundlich, begriff aber bis zuletzt nicht, dass Deutsch meine zweite Muttersprache ist. Er sagte immer zu mir: „Du Uni gehen?" Ich antwortete: „Ja, ich werde jetzt gleich in die Uni gehen", was ihn nicht daran hinderte, mich weiterhin in diesem merkwürdigen „Ausländerdeutsch" anzusprechen. Das Vermieterehepaar war trotzdem ganz nett, allerdings auch ein bisschen schräg. Sie besaßen einen weißen Königspudel, den wir Barry White nannten. Von Zeit zu Zeit schor die Vermieterin ihm in der Garage das krause Fell, bevor sie ihrem Mann mit derselben Schere die Haare schnitt.

Auch sonst wurde ich in Braunschweig aufgrund meines fremdartigen Aussehens einmal merkwürdig angesprochen. Als ich beim Bäcker nach Mohnbrötchen fragte, antwortete mir die Verkäuferin: „Mohnbrötchen alle alle, Zimtbrötchen auch gut." Ich antwortete belustigt: „Alle wollte ich gar nicht, zwei hätten mir genügt." In Hamburg ist mir das nie passiert, aber diese Leute, die sonst eigentlich ganz freundlich waren, konnten damals offenbar nicht verstehen, dass Menschen, die nicht wie Durchschnittsdeutsche aussehen, trotzdem in der Lage sein können, perfekt Deutsch zu sprechen. Ob mich das damals verletzt hat? Überhaupt nicht, innerlich musste ich nur schmunzeln, denn ich wusste ja, dass mein Deutsch gut ist. Ich habe mich in solchen Fällen nie diskriminiert oder verletzt gefühlt. Nicht ich hatte ein Problem, diese Leute hatten ein Problem; sie waren es, die mit der Wirklichkeit nicht zurechtkamen.

Mein Outfit und das von Michael Zimmermann unterschieden sich deutlich von dem der meisten meiner Kommilitonen, die als 68er mit Jeans, langen Haaren und grünen Parkas rumliefen. Durch die Zeit am Jenisch-Gymnasium hatte ich mich an einen anderen Kleidungsstil gewöhnt und trug nun Stoffhosen, edle Hemden und Kaschmirpullis mit V-Ausschnitt – auch wenn ich mir diese Sachen für wenig Geld in Second-Hand-Läden kaufte. „Wie siehst du denn aus?“, fragte mich ein anderer Student. „Na, wie denn?“, fragte ich zurück, worauf er meinte, ich sei ja fast uniformiert. Daraufhin sagte ich zu ihm: „Schau dich doch mal an, hier sehen doch alle gleich aus. Wenn jemand uniformiert ist, dann seid ihr das.“ Da ich mich durch meinen Stil und Auftritt von den allermeisten Studenten unterschied, öffneten sich mir völlig unerwartet viele Türen. Dass darunter auch Adelsfamilien waren, lag wohl an meinem Mitbewohner Hubertus von Dallwitz und dem recht bekannten und bestens vernetzten Braunschweiger Rechtsanwalt Bernd Huck und dessen mit einem Adligen verheirateter Schwester, die uns damals förderten. Binnen Kurzem wurden wir im Braunschweiger Land von vielen Adelshäusern eingeladen, zum Beispiel von den Münchhausens, den Veltheims, den Hardenbergs und anderen. Für mich, der ich ja aus ganz anderen sozialen Verhältnissen stamme, war das zwar am Anfang

↑ Hadi Teherani (3. v. l.) als Architekturstudent mit seinen Kommilitonen in Braunschweig

↗ Der Architekt Meinhard von Gerkan, der von 1974 bis 2002 als Professor an der TU Braunschweig wirkte

ungewohnt, aber diese Familien machten es mir leicht, nahmen mich überaus freundlich auf, waren wirklich interessiert an mir und nahmen mich ernst. Sicher spielte dabei meine persische Herkunft eine Rolle, doch entscheidend war die gegenseitige Sympathie. Für mich als Studenten, der mit sehr wenig Geld auskommen musste, war es natürlich sehr angenehm, häufig zum Essen eingeladen zu werden, in der Regel zu vorzüglichem Essen. Auch das stilvolle Ambiente dieser Landgüter hat mich beeindruckt.

Da von Dallwitz, Zimmermann und ich in diesen Kreisen verkehrten und uns auch sonst anders benahmen als die meisten Studenten, waren wir etwas abgesondert. Mit Thomas Bieling, einem weiteren Kommilitonen, der auch gut zu uns passte, nahmen wir später eine Wohnung, in die wir als Vierer-WG einzogen. Ich besorgte einen stylishen blauen Teppich. Oft veranstalteten wir Partys, die sehr beliebt waren. Auch Meinhard von Gerkan, der damals in Braunschweig Professor für Gebäudelehre und Entwerfen war, tauchte zu solchen Feten gern bei uns auf.

Da das alles Geld kostete, meine Eltern mich aber nur begrenzt unterstützen konnten, musste ich mir etwas einfallen lassen. Michael Zimmermann und ich arbeiteten zeitweise in einem Café, ich musste aber schnell feststellen, dass ich zum Kellnern wenig geeignet bin. Im Braunschweiger Tennisclub hatte ich zwei Schwestern kennengelernt, deren Vater einen großen Baumarkt besaß. Als ich einmal bei dieser Familie zu Gast war, machte ich dem Vater den Vorschlag, in seinem Baumarkt Perserteppiche zu verkaufen. Er fand die Idee gut, räumte mir Platz ein, und ich fuhr in den Hamburger Hafen und erwarb mit Unterstützung meines Vaters Perserteppiche, die ich von nun an gewinnbringend in Braunschweig verkaufen konnte. Das lief so gut, dass ich mir während des Studiums keine Geldsorgen mehr machen musste. Mehr noch, ich konnte mir sogar einen Traum erfüllen. Ich war schon immer ein Autonarr. Gut erinnere ich mich noch, wie ich damals mit meinem orangefarbenen Käfer über Celle nach Braunschweig fuhr und vor mich hinträumte, als mir so ein wunderbarer, damals völlig neuer Golf GTI entgegenkam. Nun träumte ich davon, dass ich einen solchen Wagen fahren würde. Kurze Zeit später erfüllte sich dieser Traum. Dank meines Teppichhandels konnte ich mir einen Golf GTI kaufen und ganz in meinem Sinn umbauen und ausstatten lassen: mit Anthrazit-Metallic-Lackierung, größeren Felgen, flachen Reifen und Ledersitzen, die ich mir, weil sie damals nicht standardmäßig lieferbar waren, eigens von einem Sattler einbauen ließ. Solche Autoträume hatte ich im Lauf meines Lebens ausgerechnet auf der Strecke Celle–Braunschweig mehrfach. Ich träumte von einem Porsche und später von einem Bentley – und jedes Mal wurde aus dem Traum Wirklichkeit. Es war eigentlich immer so: Wenn ich etwas wirklich wollte, gelang es mir auch, es zu bekommen.

Aber zunächst musste ich studieren, also etwas lernen. In der Schule hatte ich in dieser Hinsicht keine guten Erfahrungen gemacht. Aber die Uni ist anders, bietet eine viel größere Freiheit, setzt allerdings auch viel mehr Eigeninitiative voraus. Was mir sehr geholfen hat, war die

*Ich habe später auch meinen Mitarbeitern gesagt, und dieses Zitat ist in unserem Firmengebäude sogar an der Wand zu lesen: „Der Entwurf ist schon da. Du musst ihn nur noch erkennen.“*

Entfernung vom Elternhaus. Ich konnte nun nicht mehr nach Hause kommen und faulenzen, sondern musste mich selbst um mich kümmern. Vor allem musste ich mich anders benehmen als in der Schule. Statt Witze zu reißen, musste ich nun sehr darauf achten, in den Vorlesungen etwas mitzubekommen. Ganz konnte ich meinen Schalk nicht unterdrücken, zum Beispiel gegenüber Professor von Gerkan. Einmal sollte ich einen Entwurf abgeben, hatte ihn aber noch gar nicht gemacht. Ich ging mit einem leeren Küchenbrett, auf dem eigentlich das Modell stehen sollte, zu ihm und sagte: „Der Entwurf ist schon da. Sie müssen ihn nur noch erkennen. Aber Michael Zimmermann könnte ihn erläutern.“ Das war natürlich frech, von Gerkan hat es trotzdem mit Humor genommen. Allerdings konnte er bis zu seinem Lebensende im Jahr 2022 nicht verstehen, dass ich später eine so große Karriere gemacht habe.

Hinter dem frechen Spruch verbirgt sich dennoch eine Wahrheit. Ich habe es später auch meinen Mitarbeitern gesagt, und dieses Zitat ist in unserem Firmengebäude sogar an der Wand zu lesen: „Der Entwurf ist schon da. Du musst ihn nur noch erkennen.“ Damit ist gemeint, dass die Lösung eines Problems oft auf der Hand liegt, man muss sie nur sichtbar machen und damit umgehen können.

Auch in der WG hatte ich Pflichten, so habe ich zum Beispiel immer Staub gesaugt und dafür gesorgt, dass mein feiner blauer Teppich sauber wurde. Wir waren eine wirklich lustige Gesellschaft. Hubertus von Dallwitz war sehr groß und sehr schlank, fast wie eine Giacometti-Figur. Wir hatten unterschiedlich große Türen, und ich habe an jede Tür geschrieben, um wie viele Zentimeter er sich bücken musste, um mit dem Kopf nicht anzustoßen. Er revanchierte sich dann später mit einem Foto, das er aus dem sehr hoch gelegenen Küchenfenster aufgenommen hat, durch das ich aufgrund meiner geringen Körpergröße nicht schauen konnte. Dieses Foto hängte er unter das Fenster, sodass ich es auf Augenhöhe hatte. „So kannst auch du sehen, was draußen los ist", sagte er zu mir.

Das Studium gefiel mir auch deshalb gut, weil ich nun viel freier war als in der Schule. Ich war nicht mehr in einem Korsett und konnte mir meinen Tag einteilen. Es gab keinen Anwesenheitszwang, man konnte sich die Vorlesungen vielmehr selbst aussuchen. Selbst die wenigen Pflichtfächer kamen meinen Neigungen entgegen, weil das Lernen hier immer mit Kreativität und Erlebnis verbunden war und ich meine Neugier befriedigen konnte. Ich erinnere mich gut an das Aktzeichnen bei Professor Jürgen Weber. Er war ein charismatischer, aber auch etwas cholerischer Typ, vor allem jedoch ein bedeutender Bildhauer – und für mich wohl der erste Künstler, dem ich begegnet bin. Jürgen Weber hatte damals schon die beiden großen Bronzereliefs „Amerika" und „Krieg und Frieden" für das John F. Kennedy Center for the Performing Arts in Washington, D. C. geschaffen, bei denen es sich um Staatsgeschenke der Bundesrepublik Deutschland an die

*Auch als Architekt wollte ich immer etwas Neues schaffen: Räume, die eine eigene Aussage haben und nicht Vorhandenes nur variieren oder reproduzieren.*

USA handelte. Er unterrichtete uns in seinem Atelier, das in einem Waldstück lag. Ich bin gern bei ihm gewesen. Seine Lehrveranstaltungen habe ich nie als stures Lernen empfunden, sondern immer als Bereicherung, als interessantes Kennenlernen und als die Chance, neue Erfahrungen zu machen. Schwerer sind mir reine „Lernfächer" gefallen, wo man bestimmte Daten und Fakten auswendig lernen musste, etwa in der Bau- und Architekturgeschichte.

Das Zeichnen fiel mir leicht, da ich schon seit meiner frühen Kindheit sehr intensiv gezeichnet habe. Ich wusste früh, wie man einen Bleistift beim Zeichnen richtig hält und wie man die Nuancen von Licht und Schatten setzt. Als Kind habe ich manchmal nächtelang gezeichnet, so lange, bis ich mit dem Blatt zufrieden war. Im Studium stellte ich dann fest, dass Kommilitonen, die am Anfang gar nicht zeichnen konnten, nach zwei Semestern plötzlich richtig gut waren. Wenn ich die Aktzeichnungen verglich, stellte ich fest, dass ich nicht besser war als die anderen. Außerdem kam es mir so vor, als ob ich nur abzeichnen, nur von einer Vorlage kopieren würde und selbst gar nicht kreativ sein könnte. Deshalb habe ich damit aufgehört, und zwar für immer.

Auch als Architekt wollte ich immer etwas Neues schaffen: Räume, die eine eigene Aussage haben und nicht Vorhandenes nur variieren oder reproduzieren. Im Studium habe ich gelernt, konzeptionell zu denken. Wenn ich ein Konzept entwerfe, entwickele und ausführe, dann wird es ein Teil von mir. Als ich das verstanden hatte und zu beherrschen lernte, wusste ich, dass das ein wichtiger Schritt für mich war, für mein Selbstbewusstsein und für den Weg, den ich nun gehen konnte. Das deutete sich schon bei den „Stehgreifen" an, für die man auf der Grundlage einer konkreten Aufgabe innerhalb eines Tages einen Entwurf ausarbeiten musste. Ich saß also vor einem leeren Blatt Papier, bekam dann die Aufgabe, zum Beispiel ein Einfamilienhaus einer bestimmten Größe und Anforderung innerhalb von ein paar Stunden zu entwerfen – mit Grundrissen, Schnittzeichnungen, perspektivischen Ansichten und allem, was dazugehört. Das war immer eine tolle Übung, denn dabei lernt man, mit hoher Konzentration konzeptionell zu arbeiten. Was man zeichnet, muss gleich sitzen, denn man verfügt ja nur über eine begrenzte Zeit. Wenn der Entwurf fertig war, hatte ich immer ein gutes Gefühl, weil ich wusste, etwas geschafft zu haben. Manche Idee, die ich bei diesen frühen Entwürfen entwickelte, begleitet mich schon mein ganzes Leben lang. Ich entwarf zum Beispiel eine Brücke über die Weser in Bremen, die mit Gebäuden bestanden sein sollte. Daraus wurde das Konzept „Living Bridge", das mich über die Jahrzehnte hinweg immer wieder beschäftigt hat, obwohl ich es bis heute nicht umsetzen konnte.

Wichtig war für uns Studenten auch, dass wir gute Architektur kennenlernen, sehen und erleben konnten. Ganz besonders schwärmten wir für die Tessiner Architekten wie Rino Tami, Luigi Snozzi und vor allem Mario

↑ Aus geometrischen Formen entwickelte Architektur: Diese Villa erbaute der Schweizer Architekt Mario Botta 1984 in Morbio Superiore im Kanton Tessin.

Botta, fuhren in mehrere Länder, um uns deren großartige Villen, Schulen, Museen oder Theater anzuschauen.

Der kreative Prozess ist für mich das Entwickeln der Konzeption. Wenn ich als Student vor dem weißen Blatt Papier saß, hatte ich die Lage des Grundstücks, die äußeren Bedingungen und die Vorgaben im Hinterkopf und konnte dann das Projekt entwickeln. Dabei kam mir die Begabung, Raumproportionen zu erfassen und mit der Funktion in Übereinstimmung zu bringen, sehr entgegen. Ich entwickle Architektur immer von innen nach außen: Form follows function. Wichtig ist die Funktion, die stimmen muss, das Äußere ist dann wie ein Kleid, das sich beim Entwerfen beinahe von selbst ergibt. Es gibt Architekten, die anders arbeiten und ein schönes Bild des Gebäudes im Kopf haben, welches sie unbedingt umsetzen wollen und in das sie dann die Funktionen hineinstopfen. Bei mir ist es umgekehrt. Auch als Designer gehe ich so vor: Wenn ich zum Beispiel einen Stuhl oder einen Sessel entwerfe, muss er nicht nur gut aussehen, sondern vor allem erst einmal funktionieren. Man muss also bequem darin sitzen können. Diese Vorgehensweise hat sich schon während des Studiums in Braunschweig bei mir herausgebildet.

Als Student habe ich meinen ersten Stuhl entworfen. Mit einer Idee im Kopf bin ich zum Baumarkt gefahren, habe dort zwei Bretter für die Seitenteile gekauft und dazu für die Sitzfläche metallene Gewindestangen, die ich in Aluminiumhülsen steckte. Mir ging es um die Verbindung der harten Formen der Seitenteile mit der wellenartigen und weichen Form der Sitzfläche. Der Stuhl sah

*Das Künstlerische fiel mir leicht, das Ingenieur-technische war schwieriger, da musste ich mehr lernen, um es zu beherrschen.*

mit seinem Design und dem Materialmix gut aus – und war zugleich bequem. Ich habe ihn damals nicht nur gezeichnet, sondern auch selbst gebaut. Das Handwerkliche fiel mir nicht schwer, zumal ich Übung darin hatte, Architekturmodelle zu bauen. Dieser Stuhl, der mein erstes Designprodukt war, wurde sogar in der Ausstellung einer Braunschweiger Galerie gezeigt. Das fand ich gut: Ich mache etwas, das öffentlich gezeigt wird, das sich Menschen ansehen und beurteilen können.

Das Architekturstudium verbindet Ästhetik und Funktionalität, Künstlerisches und Ingenieurtechnisches. Das Künstlerische fiel mir leicht, das Ingenieurtechnische war schwieriger, da musste ich mehr lernen, um es zu beherrschen. Bei der Statik kam mir entgegen, dass ich ein Gefühl für die Verteilung von Massen habe. Heute ist es ja so, dass man die entsprechenden Berechnungen als Architekt gar nicht mehr macht, sondern einem Statiker überlässt. Ich arbeite mit bedeutenden Statikern zusammen, liege aber mit meinem intuitiven Empfinden fast immer richtig. Natürlich habe ich die statischen Berechnungen an der Uni gelernt, und daraus hat sich ein Gefühl entwickelt, eine Art verinnerlichtes, von Erfahrung gespeistes Wissen. Heute kann ich sehen, ob etwas statisch funktionieren kann oder nicht. Das liegt wahrscheinlich auch an meinem Sinn für Logik, denn ein Gebäude ist immer logisch. Mitunter habe ich zu Beginn eines Projekts Diskussionen mit Statikern, die meinen, dass ein bestimmter

Entwurf gar nicht funktionieren kann, und am Ende zeigt es sich doch, dass ich richtig lag – auch ohne es durchgerechnet zu haben. So weit war ich natürlich während des Studiums nicht, aber die Grundlagen dafür wurden damals gelegt. Und noch als Student kam ich auch an den Punkt, von dem an man ganz eins wird mit dem, was man tut, es nicht mehr als Arbeit und Last empfindet, sondern als etwas Erfüllendes. Arbeiten und Leben fließen dann ineinander. Ich musste mich nie um das bemühen, was heute Work-Life-Balance genannt wird.

Mein Architektur-Studium dauerte insgesamt sieben Jahre. 1984 verließ ich die TU Braunschweig als Diplomingenieur für Architektur. Meine Eltern hielten das für eine sehr lange Zeit. Als ich einmal gemeinsam mit Michael Zimmermann zu Hause in Hamburg zu Besuch war, erzählte ich meiner Mutter von unserem Kommilitonen Thomas Bieling. Da er möglichst bald das Architekturbüro seines Vaters, eines bekannten Kirchenbauers, übernehmen sollte, hatte er sein Studium schon zwei Semester vor uns beendet. „Wieso ist der schneller als du? Demnach bist du also schon wieder sitzen geblieben", meinte meine Mutter. Als Zimmermann ihr erklären wollte, dass man beim Studium gar nicht sitzen bleiben kann, meinte sie nur: „Ach was, du bist auch sitzen geblieben."

Vieles, was meine Arbeit später bestimmt hat, ist schon im Studium angelegt worden, zum Beispiel mein Interesse an Hightech und überhaupt an Modernität. Ich bin eindeutig vom Bauhaus und der Architektur, die sich später daraus ergeben hat, beeinflusst worden. Als ich die oft in

*Ich bin eindeutig vom Bauhaus und der Architektur, die sich später daraus ergeben hat, beeinflusst worden.*

Berghänge hineingesetzten Villen der Tessiner Architekten sah, deren Material eine gewisse Energie aussendet und bei denen oft leichte und schwere Elemente kombiniert werden, war ich begeistert. So wollte ich auch bauen, reduziert auf das Wesentliche mit einem ehrlichen Materialeinsatz. Wichtig war uns die klare Linienführung, Dekor war dagegen verpönt. Das hat sich in den letzten 20 Jahren etwas aufgeweicht. Manchmal hat das praktische Gründe. So werden heute mitunter für Terrassen Steine verwendet, die wie Holzbretter aussehen, aber pflegeleichter sind. Manchmal ist es auch aus Brandschutzgründen erforderlich, Holz durch feuerfeste Materialien zu ersetzen, die nur wie Holz aussehen. Ich mag das nicht und akzeptiere es nur, wenn es unbedingt sein muss.

Mit der postmodernen Architektur, die während meines Studiums in den USA aufkam, konnte ich natürlich überhaupt nichts anfangen. Für meine Kommilitonen und mich war das ein Graus. Wenn wir uns Bauten von Charles Willard Moore oder Michael Graves ansahen, bei denen Elemente aus der Antike aufgegriffen wurden, tat uns das richtig weh und bestärkte uns in unserer modernen Haltung.

Dabei verbindet sich meiner Auffassung nach Moderne immer mit Qualität. Das wurde in der Nachkriegsarchitektur oft schon aus praktischen Gründen nicht eingelöst, da die zerstörten Städte möglichst schnell und – aus der Not geboren – oft mit minderwertigen Materialien wieder aufgebaut werden mussten. Ich habe mich nie an diesen Nachkriegsbauten orientiert, sondern an dem,

↑ Das Bauhaus in Dessau mit seinem typischen Schriftzug.

↖ Design-Ikone des Bauhauses: Der von Ludwig Mies van der Rohe entworfene Freischwinger wurde 1927 der Öffentlichkeit vorgestellt. Heute wird dieses berühmte Möbel von der Firma Thonet gefertigt.

was in den 1920er-Jahren entstanden ist und zur Keimzelle der modernen Architektur wurde. Ich bewundere die Bauhaus-Architekten, die in dieser Zeit Gebäude errichteten, die man noch heute so bauen würde. Auf historischen Fotos vom Dessauer Bauhaus sieht man Autos, die fast noch an Kutschen erinnern, vor einem supermodernen Haus mit Glasfassade. Die Bauhaus-Bauten sind modern, aber nie monoton. Das ist der Anspruch, dem ich mich schon als Student verpflichtet fühlte und der mich heute noch leitet.

Noch in einer anderen Hinsicht war und ist das Bauhaus für mich ein Vorbild: Walter Gropius, Ludwig Mies van der Rohe oder Marcel Breuer haben eben nicht nur Häuser gebaut, sondern auch Teekannen, Sessel, Lampen und Türklinken designt. Spätestens am Ende des Studiums war mir klar, dass ich in dem, was ich tue, ebenfalls offen sein und Grenzen überschreiten will: Nicht nur ein Wohnhaus bauen, sondern auch dessen Einrichtung gestalten, zum Beispiel die Küche, und nicht nur deren Möbel, sondern auch die Töpfe, die Handtücher, überhaupt alles, was in der Küche notwendig ist. Für das Esszimmer wollte ich möglichst auch den Tisch und die Stühle, das Geschirr und die Leuchten entwerfen. Das geht natürlich nicht immer, ist aber das Ideal, dem ich mein ganzes Berufsleben über verpflichtet bin. Als ich 1984 die Urkunde als Diplomingenieur für Architektur überreicht bekam und meine Eltern erstaunt und erleichtert zur Kenntnis nahmen, dass mir das tatsächlich gelungen war, hatte ich viele Ideen und Vorstellungen, was ich in Zukunft machen würde. Aber erst einmal musste ich mir einen Job suchen.

4.

# ERFAHRUNGEN

## BERUFSEINSTIEG IN KÖLN

↑ **Hadi Teherani in seinem Elternhaus, ca. 1980**

*Schürmann, der letzte Schüler von Egon Eiermann, stand für eine durch und durch vom Bauhaus geprägte Moderne, die mir sehr gut gefiel.*

**ALS ICH DIE** TU Braunschweig im Sommer 1984 verließ und mir zum ersten Mal im Leben einen richtigen Job suchen musste, waren die ökonomischen Rahmenbedingungen nicht besonders günstig. Die Wirtschaft, nicht zuletzt die Bauwirtschaft, litt noch unter den Nachwirkungen der zweiten Ölkrise, und die Arbeitslosigkeit war hoch. In der Hoffnung, als junger Architekt dennoch eine Chance zu erhalten, schrieb ich parallel zwei Bewerbungen, einmal an das Stuttgarter Büro heinlewischer, das damals vor allem im Krankenhausbau aktiv war, und an Joachim Schürmann Architekten in Köln. Als heinlewischer mir schon nach kurzer Zeit eine Stelle anbot, war ich glücklich und sagte sofort zu. Kurz darauf erhielt ich auch noch eine Einladung zum Vorstellungsgespräch bei Schürmann. Obwohl ich schon die Stelle in Stuttgart in der Tasche hatte, fuhr ich nach Köln und stellte mich Professor Joachim Schürmann vor, der mich gleich stark beeindruckte. Schürmann, der letzte Schüler von Egon Eiermann, stand für eine durch und durch vom Bauhaus geprägte Moderne, die mir sehr gut

*Obwohl ich fast nichts so mache wie er, ist mir bis heute klar, dass ich fast alles, was ich kann, bei Professor Schürmann in Köln gelernt habe.*

gefiel. Er stammte aus Dresden, hatte in Darmstadt studiert und war ein feinsinniger und tiefreligiöser Mensch. Ursprünglich Protestant, war er später zum Katholizismus konvertiert. Seine Frau Margot Schürmann war auch Architektin und spielte im Büro eine große Rolle, was mir später einige Probleme bereiten sollte. Das Paar hatte vier Kinder, die alle später Architekten geworden sind. Schon bei der ersten Begegnung spürte ich, dass ich hier richtig war, gern in diesem Büro arbeiten und dabei sicher viel lernen würde. Als ich Schürmanns Zusage in der Tasche hatte, sagte ich bei heinlewischer ab und zog nach Köln.

Meine erste Aufgabe stand im Zusammenhang mit Groß St. Martin, einer der zwölf großen romanischen Kirchen in Köln, deren langwieriger Wiederaufbau nach der Kriegszerstörung von Schürmann realisiert wurde. Da auch Teile der Ausstattung neu geschaffen wurden, beauftragte man mich mit dem Entwurf für das Prälatengestühl. Als der Chef mich fragte, ob ich als Muslim Probleme damit hätte, an der Ausstattung einer christlichen Kirche mitzuarbeiten, verneinte ich das natürlich. Scherzhaft sagte ich zu Schürmann: „Sie hatten ja auch keine Probleme zu konvertieren. Im Gegensatz zu Ihnen bin ich nicht religiös." Ich wusste nicht genau, was ein Prälat eigentlich ist, fand die Aufgabe aber interessant und entwarf die Sitzmöbel für die katholischen Geistlichen.

Obwohl ich fast nichts so mache wie er, ist mir klar, dass ich fast alles, was ich kann, bei Professor Schürmann in Köln gelernt habe. Besonders wichtig war das Gespür, wie man Architektur sieht und mit ihr umgeht. Gelernt habe ich bei ihm den Blick für die Sinnlichkeit, für die Materialien, die Details. Bei Schürmann wurde jede Kleinigkeit durchdacht und gestaltet, bis hin zum Design des aus Edelstahl gefertigten Schaukastens vor der Kirche. Nichts überließ er dem Zufall, nicht einmal die Schalung der Betonflächen. Jede Linie, die sich im Beton abbildete, wurde bewusst gestaltet. Das war ganz anders als etwa bei gmp, dem großartigen Büro, zu dem mehrere meiner Kommilitonen gegangen sind. Die dortigen Architekten hatten vor allem Macher-Qualitäten und waren gewohnt, große und anspruchsvolle Projekte zügig voranzutreiben. Schürmann dagegen durchdrang die Dinge ganz tief, verinnerlichte sie und gestaltete sie in seiner avantgardistischen Manier mit größter Sorgfalt. Diese ernsthafte und geradezu perfektionistische Art zeigte sich auch in seiner Vortragstätigkeit. Wenn er Vorträge erarbeitete, schloss er sich lange ein, formulierte jeden Satz, bis er ihm stimmig erschien. Jede einzelne Formulierung musste sitzen, erst dann war er zufrieden.

Köln erschien mir damals wie lebendige Architekturgeschichte. Was ich an der Uni gelernt hatte, sah ich jetzt als Bauwerke vor mir: die berühmten romanischen Kirchen und natürlich den Kölner Dom. An ihm faszinierte mich besonders, wie es den mittelalterlichen Baumeistern gelungen war, allein mit den Raumproportionen die Menschen so zu beeindrucken, dass sie sprachlos wurden. Das habe ich selbst so erlebt. Beruflich hatte ich mit

↑ Blick in den Chor von Groß St. Martin, eine der zwölf großen romanischen Kirchen in Köln

↗ Der Architekt Joachim Schürmann

*Wir arbeiteten immer mit Respekt vor dem romanischen Bau, hatten aber zugleich Vertrauen in unsere eigenen Ausdrucks- und Gestaltungsmöglichkeiten.*

den romanischen Kirchen zu tun, vor allem wie erwähnt mit Groß St. Martin. Hier ging es nicht um Restaurierungen, sondern darum, in dem alten Gemäuer mit einer neuen Architektursprache, mit zeitgenössischen Elementen zu arbeiten. Selbstverständlich waren das keine brachialen Eingriffe, es ging vielmehr um ein korrespondierendes „Übersetzen" in eine heutige Form. Wir arbeiteten immer mit Respekt vor dem romanischen Bau, hatten aber zugleich Vertrauen in unsere eigenen Ausdrucks- und Gestaltungsmöglichkeiten. Genauso wie die romanischen Baumeister mit Details an den Figuren, Säulen und Kapitellen Aussagen getroffen haben, taten auch wir das mit baulichen Details in zeitgenössischen Formen. Dabei legte Schürmann immer Wert auf ein feines Austarieren, auf Behutsamkeit und respektvolle Zurückhaltung. Das Ergebnis war ein nobler Minimalismus. Ich habe gern auf diese Weise gearbeitet, auch weil ich dabei fast ein Gefühl von Zeitlosigkeit gewann. Bei Schürmann habe ich nie Zeitdruck gespürt, was heute, wo ich unter Umständen innerhalb eines Jahres ein ganzes Haus bauen muss, gar nicht mehr vorstellbar ist. Außerdem war es in dieser Zeit vor der Computerisierung ein völlig anderes Arbeiten. Wir haben damals alles mit dem Rapidographen gezeichnet, einem Tuschzeichengerät, das es in verschiedenen Stärken gab. Gerade Linien mussten durchgezeichnet, über Eck gehende Linien gepunktet werden. Schürmann hat bei Wettbewerbszeichnungen alle Bäume selbst gepunktet, später wurde ich der einzige Mitarbeiter, der das Privileg hatte, auch Bäume punkten zu dürfen. Alles war von Bedeutung: Ob er einen dünnen, mittleren oder dickeren Strich zog, alles hatte eine Aussage. Die Grundlagen habe ich an der Uni gelernt, aber bei Schürmann begriff ich, welche unerwartet große, sogar emotionale Ausdruckskraft eine Architekturzeichnung haben kann, wie sich das Verhältnis von Leichtigkeit und Schwere schon hier ausdrückt. Vielleicht war dies das Wichtigste, was ich bei Schürmann lernen konnte. Die heutigen jungen Architekten beherrschen das natürlich nicht mehr, weil sie nur noch am Computer arbeiten, was einerseits Vorteile hat, andererseits aber auch Mängel. Wenn ich einem jungen Architekten über die Schulter schaue und ihn frage, wie viel Zentimeter die Breite eines bestimmten Raums beträgt, kann er mir nicht spontan antworten, sondern muss es erst im Computer ermitteln. Ich habe damals Größenverhältnisse intuitiv schätzen gelernt, was sich aus dem Sehenlernen ergibt. Als sich Schürmann damals an dem Wettbewerb für ein Wohnhaus in einer Baulücke am Checkpoint Charlie beteiligte, sagte er mir: „Wir müssen es so entwerfen, dass es auch Bestand hat, wenn in vielleicht 100 Jahren die Mauer fällt und die beiden Teile der Stadt wieder zusammenwachsen." Dass das schon wenige Jahre später geschehen sollte, konnte damals niemand ahnen.

Der Arbeitsalltag war streng reglementiert. Kaffeetrinken durfte man zum Beispiel nur zwischen 10 Uhr und 10.15 Uhr und am Nachmittag von 16 Uhr bis 16.15 Uhr.

Während wir unsere einstündige Mittagspause hatten, ging Margot Schürmann von Zeichentisch zu Zeichentisch und korrigierte die Entwürfe, an denen wir gerade saßen. Das Problem war, dass ihr Mann oft mit ihren Veränderungen nicht einverstanden war und uns dafür heftig kritisierte. Richtigstellen konnten wir das nicht, da Margot Schürmann in diesen Situationen stets abwesend war. Weil ich das im Lauf der Zeit immer schwerer ertragen konnte, spielte ich schon mit dem Gedanken zu kündigen. Dann hatte ich eine Idee: Zu Hause bereitete ich einen Entwurf für das laufende Projekt vor. Am Vormittag führte ich ihn im Büro nochmals aus. Nach der Mittagspause zeigte ich Joachim Schürmann nicht nur den inzwischen von seiner Frau korrigierten, sondern auch meinen ursprünglichen Entwurf. Schürmann fand meinen Entwurf gut. Damit war für mich die Quälerei vorbei, denn seitdem wurde ich nicht mehr korrigiert, und alles, was ich machte, fand Gnade vor den Augen des Chefs.

An eine Episode aus dieser Zeit erinnere ich mich gern: 1986 reiste ich zum ersten Mal für zehn Tage in die USA, um meine Cousins in Kalifornien zu besuchen. Als wir in San Diego unterwegs waren, entdeckte ich einen wunderschönen Porsche 356, der damals bereits ein begehrter Klassiker war. Ich fragte den Besitzer, ob er mir das gute Stück vielleicht verkaufen würde, wozu er erstaunlicherweise bereit war. Noch dazu verlangte er nur 5.000 Dollar, die ich zwar nicht hatte, mir aber von einem Cousin leihen konnte. In den nächsten Tagen gelang es mir, noch zwei weitere Porsche 356 mit geliehenem Geld äußerst günstig zu erwerben. Ich ließ sie nach Deutschland verschiffen und stellte sie erst einmal in die Firmengarage von Schürmann in Köln. Als der Chef das mitbekam, wurde ich sofort zu ihm zitiert und musste mir eine Strafpredigt anhören. Meine Begeisterung für die schönen Autos konnte er leider nicht nachvollziehen. Stattdessen warf er mir vor, ich würde mein Talent als Möchtegern-Autohändler vergeuden, statt ein guter Architekt zu werden. Ich konnte ihn nur mühsam beruhigen, habe dann zwei der Porsche gewinnbringend verkauft, einen aber behalten.

Der Name Joachim Schürmann ist heute vor allem mit dem Bonner Abgeordnetenbürohaus verbunden, das allgemein als Schürmann-Bau bezeichnet und jetzt von der Deutschen Welle genutzt wird. In meiner Zeit beteiligte sich das Büro auch an vielen, teils internationalen Ausschreibungen, durch die ich weltbekannte Architekten wie etwa Richard Meier aus nächster Nähe erleben durfte. Als ich sah, was alles möglich war, entwickelte sich bei mir ein starker Ehrgeiz. Von da an träumte ich davon, auch in dieser Liga mitzuspielen, mich irgendwann mit den Großen der Branche messen zu können. Dass ich überhaupt in der Lage war, über so etwas nachzudenken, verdanke ich meiner Zeit bei Schürmann. Mir war klar, dass ich das nur erreichen könnte, wenn ich mich selbstständig machte. Nüchtern betrachtet hätte ich froh sein müssen, einen guten Job zu haben. Ich hatte auch keine Ahnung, wie ich meinen Start in die Selbstständigkeit finanzieren sollte. Eigentlich gab es dafür gar keine realistische Möglichkeit. Mir blieb nichts anderes übrig, als ins kalte Wasser zu

*Nüchtern betrachtet hätte ich froh sein müssen, einen guten Job zu haben. Ich hatte auch keine Ahnung, wie ich meinen Start in die Selbstständigkeit finanzieren sollte.*

springen. Das wird schon gut gehen, dachte ich mir, da ich immer positiv denke. Ich ging also zu Joachim Schürmann, bedankte mich für die guten Jahre, die ich bei ihm gehabt hatte, und reichte 1987 meine Kündigung ein. Er ist für mich eine Art Übervater geblieben, und ich habe ihn bis zu seinem Tod Ende 2022 nie aus den Augen verloren. Oft habe ich an ihn gedacht und ich weiß von Kollegen, dass er auch meine Entwicklung mit Interesse verfolgt hat.

5.

# WAGNISSE

## SCHRITT IN DIE SELBSTSTÄNDIGKEIT

↑ **Hadi Teherani als junger Architekt**

*Ich brauchte einen Plan B, eine Idee, wie ich in der Anfangsphase Geld verdienen konnte.*

**REIN ZUFÄLLIG HATTE** ich in der Kölner St.-Apern-Straße Büroräume entdeckt, die zur Vermietung standen. Sie lagen im ersten Obergeschoss, hatten eine Glasfront und gefielen mir auf Anhieb. Als ich vor dem Haus stand, stellte ich mir schon vor, dass am Eingang bald ein Firmenschild mit meinem Namen angebracht sein würde. Ich setzte mich also mit dem Vermieter in Verbindung, und wir wurden schnell handelseinig. Die Courtage und die erste Miete konnte ich zahlen, alles weitere würde sich finden. Dann begann ich das Büro einzurichten, zum Beispiel mit Zeichentischen, die Egon Eiermann entworfen hatte – ich besitze sie noch heute. Bald sah mein Büro schick aus, ich hätte hier wunderbar arbeiten können. Nur hatte ich leider keine Aufträge, was auch nicht verwunderlich war, schließlich kannte mich niemand.

Immerhin entdeckte ein benachbarter Geschäftsmann mein Namensschild und beauftragte mich mit dem Umbau seines Ladenlokals. Doch davon allein konnte ich natürlich nicht leben. Ich brauchte einen Plan B, eine Idee,

*Die Zusammenarbeit mit Volkwin Marg war auch deshalb so angenehm, weil er humorvoll ist und über sich selbst lachen kann.*

wie ich in der Anfangsphase Geld verdienen konnte. Da erinnerte ich mich an Volkwin Marg, den Büropartner meines Braunschweiger Professors Meinhard von Gerkan. Marg hatte zu dieser Zeit gerade eine Professur an der Rheinisch-Westfälischen Technischen Hochschule (RWTH) Aachen angetreten. Wie schon sein Vorgänger Gottfried Böhm hatte er sich ausbedungen, keine Lehrveranstaltungen und Vorlesungen halten zu müssen. Daher brauchte er Assistenten, die nebenbei auch dabei helfen mussten, sein Architekturbüro in Aachen aufzubauen. Ich fuhr zu ihm, fand ihn sehr sympathisch, was offenbar auf Gegenseitigkeit beruhte, denn im Nu war ich einer seiner Assistenten. Von nun an hatte ich zu unterrichten, was neu für mich war, mir aber gut gefiel. Bei der Korrektur und Bewertung von Studentenentwürfen waren Marg und ich mitunter völlig unterschiedlicher Meinung. Während er Bauaufgaben nach klassischem Muster gelöst sehen wollte, fand ich eher Gefallen an experimentellen Lösungen. Das Pariser Centre Pompidou von Renzo Piano und Richard Rogers betrachtete er als abschreckendes Beispiel, während ich es großartig fand. Wir haben über diese Dinge oft diskutiert, konnten uns aber über die Bewertung der Studentenentwürfe am Ende immer einigen. Oft habe ich mich sogar durchgesetzt. Die Zusammenarbeit mit Volkwin Marg war auch deshalb so angenehm, weil er humorvoll ist und über sich selbst lachen kann. Ich war ja durch meine Zeit bei Schürmann ganz anders geprägt, fand aber

↗ Seinerzeit heftig umstritten: das von den Architekten Renzo Piano, Richard Rogers und Gianfranco Franchini entworfene und 1977 eröffnete Centre Pompidou in Paris

↑ Der Hamburger Architekt Volkwin Marg

*Mit Joachim Schürmann konnte man nur über Architektur sprechen, mit Volkwin Marg sprachen wir auch über Gott und die Welt.*

die Dynamik und die Chuzpe, mit der hier gearbeitet wurde, sehr spannend. Um als noch völlig unbekannte junge Architekten bei dem Wettbewerb für den neuen Flughafen Berlin-Tegel eine Chance zu haben, hatten von Gerkan und Marg 20 Kommilitonen engagiert, die so tun mussten, als ob sie angestellt wären. Damit beeindruckten sie die Offiziellen, gewannen mit ihrem tatsächlich herausragenden Entwurf den Wettbewerb und konnten Tegel bauen – der Anfang einer langen Erfolgsgeschichte. Bei Volkwin Marg habe ich gelernt, wie wichtig es ist, selbstbewusst aufzutreten. Marg war außerdem sehr gesellig, lud seine Mitarbeiter gern zu Partys und zu Reisen ein, zum Beispiel auf seinem Dreimaster Activ. Mit Joachim Schürmann konnte man nur über Architektur sprechen, mit Volkwin Marg auch über Gott und die Welt. Beide Architekten haben mich sehr beeindruckt und geprägt, aber in ganz unterschiedlicher Weise.

Zwei Tage pro Woche arbeitete ich nun als Uni-Assistent in Aachen und verdiente damit das Geld, das ich brauchte, um mein eigenes Büro zum Laufen zu bringen. Da das aber nicht reichte, arbeitete ich zusätzlich noch für das ziemlich große Büro KSP (Kraemer, Sieverts und Partner), wo es vor allem um die Korrektur von Entwürfen ging. Mit Kaspar Kraemer, dem Sohn des Firmenpartners, war ich befreundet. Um außerdem in Köln etwas bekannter zu werden, mietete ich zusätzlich ein Ladenlokal, um dort eigene Mode zu verkaufen. Da ich stets ganzheitlich

↑ „HerrenHaus made by Architects", hieß das Label, unter dem Hadi Teherani in Köln seine Mode in einer selbst gestalteten Boutique verkaufte.

dachte, lag es mir nahe, mich auch mit Mode zu beschäftigen, wofür ich mich schon immer interessiert hatte. Ich entwarf also Herrenmode, vor allem Anzüge und Sakkos. Zeichnen konnte ich, Schnitte entwickeln allerdings nicht. Deshalb stellte ich dafür eine Designerin an. In Wuppertal kaufte ich bei Großhändlern qualitativ hochwertige Stoffe und ließ sie teilweise einfärben. Genäht wurden die Stücke bei Hamburger Schneidern, hier halfen mir die Kontakte, die meine Mutter und meine Brüder unterhielten. Verkauft wurde die Herrenmode dann unter dem von mir erfundenen Label „HerrenHaus made by Architects". Damit wurde ich in Köln bekannt, und nicht wenige Architekten gehörten zu den Kunden meiner Modeboutique, die ich natürlich auch selbst gestaltet hatte. Wirklich stolz war ich, als in dem Buch *Kölner Architektur der achtziger Jahre* 1989 meine Boutique als positives Beispiel vorgestellt wurde. Damit hatte ich die Aufmerksamkeit, die ich brauchte.

Aber auch meine Vorliebe für besondere Autos hat mir geholfen. So fuhr ich eines Tages mit meinem Porsche 356 nach Hamburg, um in Winterhude etwas mit einem Schneider zu besprechen. Währenddessen betrachtete ein Mann mein Auto, das zu dieser Zeit schon eine Rarität war. Als er sich dann in der Schneiderwerkstatt nach dem Besitzer erkundigte, kamen wir schnell ins Gespräch. Er stellte sich als Alexander Daniels, Geschäftsführer der damaligen Hamburger Modefirma Loft, vor. Etwa ein halbes Jahr später traf ich ihn wieder. Inzwischen hatte er den Job gewechselt und war mit einem Partner dabei, ein Luxus-Autohaus zu gründen. Ob ich ihm für dessen Ge-

*„Wenn du wirklich was Ordentliches haben willst, musst du mich beauftragen.“ Zwei Wochen später stand plötzlich ein Bentley mit Hamburger Kennzeichen vor meinem Büro.*

staltung Literatur empfehlen könne, fragte er. Ich nannte ihm die einschlägigen Hamburger Buchhandlungen Von der Höh und Sautter + Lackmann, sagte aber scherzhaft: „Wenn du wirklich was Ordentliches haben willst, musst du mich beauftragen.“ Zwei Wochen später stand plötzlich ein Bentley mit Hamburger Kennzeichen vor meinem Büro. Die beiden Herren, die unangemeldet bei mir aufkreuzten, waren Alexander Daniels und sein Partner und Freund Alexander Knapp-Voith, der spätere Bauherr. Sie erzählten von ihrem Autohaus-Projekt und gaben mir die Unterlagen für den Wettbewerb, den sie dazu ausgeschrieben hatten. Kurze Zeit später hatte ich den Zuschlag. So bin ich über Mode und Autos zu meinem ersten Architekturauftrag gekommen. Der Showroom Car & Driver für Luxusautos wie Aston Martin und Rolls-Royce wurde 1990 bis 1991 in Hamburg-Wandsbek am Friedrich-Ebert-Damm gebaut. Es war das erste Gebäude in Deutschland, bei dem die Glasscheiben der Fassaden an Punktaufhängungen befestigt sind, eine Innovation, die sich später überall durchgesetzt hat.

# 6. ENTSCHEIDUNGEN

## DIE JAHRE MIT BRT

↑ **Noch vor Gründung von BRT begann Hadi Teherani seine Karriere als Architekt mit dem innovativen Projekt Car & Driver. Mitgearbeitet hatte hier Wolfgang Raderschall.**

*Nie zuvor war in Deutschland eine punktgehaltene Glasfassade gebaut worden. So etwas als Anfänger zu realisieren, war schon mutig.*

**DAS PROJEKT CAR & DRIVER** war meine erste „Visitenkarte“. Ich war damals 36 Jahre alt und wusste gar nicht, was mir damit gelungen war. Das Projekt steckte voller Innovationen. So hatte ich bestimmte Elemente aus dem Automobilbau auf die Architektur übertragen. Zum Beispiel waren die Glasscheiben mit der Aluminiumfassade absolut bündig verbaut. Ich hatten den ganzen Entwurf flügelförmig angelegt, weil meine Auftraggeber nur Autos verkaufen wollten, die im Logo einen Flügel haben, nämlich Rolls-Royce, Aston Martin und Bentley. Nie zuvor war in Deutschland eine punktgehaltene Glasfassade gebaut worden. So etwas als Anfänger zu realisieren, war schon mutig. Vielleicht grenzte es an Übermut, zumal Alexander Knapp-Voith als Bauherr zwar nichts gegen meine Ideen hatte, aber zugleich darauf bestand, dass der Showroom mit immerhin 9.000 Quadratmetern innerhalb eines Jahres fertiggestellt sein musste. Als ich ihm zu Beginn sagte, dass das nicht zu machen sei, wollte er sich einen anderen Architekten suchen. Daraufhin sagte ich ihm: „Okay, es geht irgendwie doch“, obwohl ich keine Ahnung hatte, wie ich diesen engen Zeitplan einhalten sollte. Erschwerend kam hinzu, dass ich eine Glasfassade entwickelt hatte, die damals kein Mensch bauen wollte. Das Projekt startete im April 1990, im Oktober hatte ich noch immer keinen Fassadenbauer. Fest stand nur, dass die Einweihungsparty für April 1991 fest terminiert war. Irgendwann fand ich eine Firma, die von dem noch relativ jungen Sohn des Inhabers geleitet wurde. Und der hatte auch Lust, sich auf etwas völlig Neues einzulassen. Es war ein Kampf um jedes Detail. Immer wieder gab es endlose Diskussionen mit dem Statiker, der regelmäßig behauptete, das bestimmte Dinge nicht funktionieren würden. Ich musste mein Konzept ständig verteidigen, doch dann fügte sich auf einmal alles, und die Einweihung konnte wie geplant stattfinden. Das Aufsehen war enorm, die Presse berichtete ausführlich, und selbst große Architekturbüros nahmen dieses Projekt zur Kenntnis. Renzo Piano hat mir viel später mal erzählt, dass er damals Bilder von Car & Driver in seinem Büro an die Wand gehängt hat. Bei diesem ersten Projekt bin ich gefühlt um 20 Jahre gealtert. Dabei wurde allerdings eine Kampfeslust geweckt, die mich bis heute prägt. Ich kämpfe für meine Ideen, weil ich weiß, dass sie funktionieren und ich damit Erfolg haben werde.

Man kann schon sagen, dass mich Car & Driver auf einen Schlag bekannt gemacht hat, allerdings zunächst nicht in Köln, wohl aber in Hamburg. Zur Eröffnungsparty kamen viele einflussreiche Gäste, die ich persönlich kennenlernte. Bald wurde mir klar, dass ich mit einem Büro nach Hamburg umziehen musste, denn hier konnte ich schon etwas vorweisen und damit potenzielle Bauherren begeistern.

Ein bisschen schade fand ich das schon, denn zu dieser Zeit hatte ich mein Kölner Büro gerade erst perfekt eingerichtet. Neben ein paar Studenten aus Aachen, die ich hier beschäftigte, kooperierte ich mit zwei ehemaligen Kommilitonen, nämlich Kai Richter und Jens Bothe. Nun fragte ich die beiden, ob sie Lust hätten, mit mir nach Hamburg zu gehen. Beide waren einverstanden und bereit, quasi ins kalte Wasser zu springen.

Blieb die Frage, wie wir das Büro nennen sollten. Der Erste Golfkrieg (1980–1988) war zwar seit ein paar Jahren vorbei, trotzdem gab es im Zusammenhang mit dem Iran in dieser Zeit häufig negative Nachrichten. Deshalb wollte ich den Namen Teherani nicht in den Mittelpunkt stellen, das Büro also nicht Teherani und Partner nennen. Stattdessen haben wir mit den Anfangsbuchstaben unserer Namen experimentiert, die Reihenfolge BRT klang unserer Meinung nach am besten. Außerdem kam damit auch zum Ausdruck, dass die Partner gleichberechtigt waren und gleich große Anteile hatten.

1991 zog das frisch gegründete Büro BRT in ein Gründerzeitgebäude am Hopfensack im Kontorhausviertel. Dort war bereits eine Aufstockung geplant, doch konnte ich die entsprechenden Planungen noch stoppen und ein neues Geschoss mit einem gläsernen Tonnengewölbe nach eigenen Vorstellungen realisieren, wo wir kurz darauf sehr repräsentative Räume beziehen konnten. Als alles fertig war, suchte ich die Liste jener Leute raus, die zur Eröffnung von Car & Driver gekommen waren, und lud sie nun zum Start von BRT ein. Damit das Büro nicht nur gut aussah, sondern auch belebt wirkte, haben wir ein paar Studenten beschäftigt, die an den Zeichentischen emsig bei der Arbeit waren. Dass Jahre zuvor auch von Gerkan, Marg und Partner diesen Trick angewandt hatten, war mir damals gar nicht bewusst. Man muss den Blumenstrauß halt schön machen, um ihn zu verkaufen. Die Party war ein voller Erfolg.

Kurz darauf meldete ich mich bei Egbert Kossak, dem damaligen Hamburger Oberbaudirektor. Es war ein nettes Gespräch, er riet mir aber von Hamburg ab. Ich solle lieber nach Berlin gehen, dort hätte ich bessere Chancen. Ich sagte ihm: „Geben Sie mir fünf Jahre Zeit, dann bin ich in Hamburg eine bekannte Größe. Fünf Jahre später kennt man mich in Deutschland, nach weiteren fünf Jahren auch international." Wahrscheinlich hielt Kossak das für größenwahnsinnig, andererseits fand er meinen Ehrgeiz sympathisch. Er klopfte mir auf die Schulter und sagte: „Dann mach mal schön." Wir waren nicht immer einer Meinung, für manche Projekte wollte er auch andere Architekten beauftragen, aber später hat er mich gefördert und gern behauptet, dass er mich erst groß gemacht habe. Als ich ihm zum Beispiel das Dockland-Projekt vorstellte, meinte er, dass allein das Genehmigungsverfahren viel zu langwierig und kompliziert sei. Dann sagte er: „Sieht aber cool aus, versuch dein Glück."

Dockland,
Hamburg, 1998–2006

→ S. 172

Damals dominierte in Hamburg kommerzielle Backsteinarchitektur. Alle großen Büros, die damals erfolgreich waren, arbeiteten mit Backstein und standen damit in der Tradition von Fritz Schumacher und Gustav Oelsner. Ich kam dagegen mit einer anderen Ästhetik, mit eleganten Linien und viel Glas. Damit hatte ich ein Alleinstellungs-

↑ Die 1919 bis 1926 von Fritz Schumacher am Gänsemarkt errichtete Finanzbehörde gehört zu den prägenden Backsteinbauten Hamburgs.

*Die Geschwindigkeit war in den ersten zehn Jahren so hoch, dass keiner von uns richtig zum Nachdenken kam, denn wir mussten ja immer liefern.*

merkmal und bekam Aufmerksamkeit. Bei manchen Kollegen und bei Architekturkritikern stieß das mitunter auf Ablehnung, aber viele Hamburger fanden meine Bauten gerade aufgrund ihrer Andersartigkeit gut, modern und zukunftsweisend.

Bei BRT war ich Primus inter Pares. Zu Jens Bothe und Kai Richter sagte ich: „Zusammen sind wir ein guter Architekt." Da jeder Stärken und Schwächen hat, waren wir gemeinsam gut aufgestellt, zumal wir die Arbeit entsprechend unseren jeweiligen Fähigkeiten aufteilen konnten. Gegenüber meinen Partnern, die nicht aus Hamburg kamen, hatte ich einen Heimvorteil, da ich in der Stadtgesellschaft schon länger präsent war. Daher konnte ich die meisten Projekte akquirieren und in der Regel auch entwerfen. Richter hat sich vor allem um die internen Abläufe gekümmert, aber auch an den Entwürfen mitgearbeitet. Bothe war ein Allrounder, der eigentlich alles gut konnte. Da ich ziemlich dominant war, hat er sich vor allem um Organisatorisches gekümmert. Er war es auch, der die Computerarbeit bei uns eingeführte. Ich wäre dazu gar nicht fähig gewesen und habe bis heute ein unterkühltes Verhältnis zum Computer. Es war vielleicht nicht immer eine besonders harmonische, dafür aber eine sehr dynamische Zusammenarbeit. Im Prinzip haben wir uns gut verstanden und hervorragend ergänzt. Mit mir kann man sich eigentlich gar nicht verkrachen, das passt nicht zu meiner Persönlichkeit.

↑ **Lange Zeit gemeinsam erfolgreich: Kai Richter, Hadi Teherani und Jens Bothe**

Doppel-X,
Hamburg, 1995–1999

→ **S. 148**

Swiss Re,
München, 1998–2001

→ **S. 158**

Fernbahnhof
Frankfurter Flughafen,
Frankfurt am Main, 1995–1999

→ **S. 152**

Die Geschwindigkeit war in den ersten zehn Jahren so hoch, dass keiner von uns richtig zum Nachdenken kam, denn wir mussten ja immer liefern. Zu den größeren Projekten unserer Anfangsjahre gehörte die Sparkasse Kiel, dann folgten bald das Pacific Haus am Holzdamm in Hamburg und später der Fernbahnhof im Flughafen Frankfurt, der Umbau des Hauptbahnhofs in Hannover, in Hamburg das Bürogebäude Doppel-X und der ABC-Bogen. Außerdem das Swiss-Re-Bürogebäude in Unterföhring bei München und wieder in Hamburg der Berliner Bogen, um nur einige Beispiele zu nennen. Viele Großprojekte sind damals nahezu gleichzeitig fertiggestellt worden, was für ein so junges Büro ungewöhnlich war. Immer wenn wir ein großes neues Projekt bauten, wollte ich auch ein neues, noch schöneres und größeres Büro haben, zur eigenen Motivation und der der potenziellen Kunden. Die sollen den Eindruck gewinnen: Bei BRT geht es immer voran. Als wir das Pacific Haus gebaut hatten, zogen wir dort in ein großes Büro ein. Beim Deichtor-Center wiederholte sich das ein paar Jahre später. Dort hatten wir über 4.000 Quadratmeter für etwa 230 Beschäftigte. Der häufige Wechsel in immer größere Büros war kostspielig und erschien meinen Kollegen auch unnötig und waghalsig. Sie trugen das zwar mit, fühlten sich aber nicht wohl dabei und hätten lieber Rücklagen gebildet.

Parallel zur Tätigkeit bei BRT begann ich mich wieder verstärkt dem Produktdesign zu zuzuwenden. Das hatte sich ergeben, als wir uns mit dem Fernbahnhof des Frankfurter Flughafens beschäftigten. Dabei lernte ich den Düsseldorfer Designprofessor Hans-Ullrich Bitsch kennen, der die Bänke für den Bahnhof entworfen hatte. Eines Tages kam er zu mir nach Hamburg und ermunterte mich, auch Design zu machen. Das war ja etwas, das mich schon immer interessiert hatte. Deshalb fand ich die Idee gut und gründete 2001 mit Bitsch und seinem damaligen Assistenten Ulrich Nether eine eigene Designfirma, die nichts mit BRT zu tun hatte. Sie hieß B + T Design Engineering. Es begann mit einem futuristischen Bürostuhl. Da wir beim Bürobau oft mit Fragen der Akustik und der mitunter mangelnden Privatsphäre konfrontiert waren, entwarf ich einen Stuhl, den ich mit einer Plexiglas-Kuppel versah. Wer darin saß, konnte seine Kollegen beim Arbeiten zwar sehen, aber trotzdem zum Beispiel ungestört telefonieren. Das war ein Prototyp, der am Anfang verschiedener Entwicklungen stand. Dazu zählte zum Beispiel ein aufklappbares „Standby-Office", also ein mobiles Bürosystem. 2003 trennten wir uns wieder, und ich machte mit der Marke HADI TEHERANI allein weiter, die es bis heute gibt. Den Schriftzug dafür gestaltete Peter Schmidt.

Schon bei der Gründung meines Büros hatte ich mir vorgenommen, mich innerhalb von zehn Jahren in Deutschland durchzusetzen, um mir anschließend auch international einen Namen zu machen. Und so ist es auch gekommen: Unser internationales Engagement begann mit der Gründung von Büros in Dubai und in Moskau. Ende 2010 kamen wir dann mit BRT jedoch in eine gefährliche Schieflage, was mit unserem Russland-Engagement in Zusammenhang stand. Wir hatten mit der russischen Unternehmerin Jelena Nikolajewna Baturina, der Ehefrau des Moskauer Bürgermeisters Juri Luschkow, das

↖ Das Apartmentgebäude an der Kotelnitscheskaja-Uferstraße gehört zu den sieben neoklassizistischen Hochhäusern aus der Stalin-Ära in Moskau.

↑ Der von BRT RUS geplante Komplex Setun Hills Business Park. Entwurfsbestimmendes Leitmotiv war die Integration innovativer Bürobebauung in den gewachsenen umgebenden Landschaftsraum.

Joint-Venture BRT RUS gegründet. Es saß am Moskauer Gartenring direkt gegenüber einem der sieben Hochhäuser aus der Stalin-Ära. Doch als Baturinas Ehemann Ende 2010 bei Wladimir Putin in Ungnade fiel – offiziell wurden ihm und seiner Frau Korruption unterstellt –, hatte das auch Auswirkungen auf BRT RUS. Luschkows Nachfolger als Bürgermeister blockierte unsere Bauanträge und legte uns so viele Steine in den Weg, dass wir irgendwann kapitulieren mussten. Da uns nun plötzlich die Einnahmen aus Russland fehlten, bekamen wir auch in Hamburg Probleme. Auf einmal wussten wir nicht, wie wir die Gehälter für unsere 230 Angestellten zahlen sollten. Da wir auch die Mieten nicht mehr bezahlen konnten, waren wir quasi pleite. Als ich Bothe und Richter sagte, dass wir nun privat Geld aufbringen müssten, wollten sie aussteigen. Damit war klar, dass sich BRT nicht mehr fortführen lassen würde. Wir haben uns dann so geeinigt, dass ich sie ziehen ließ und die finanziellen Verpflichtungen übernahm. Dafür musste ich mich hoch verschulden, allein der Auszug aus dem Deichtor-Center hat mich etwa 800.000 Euro gekostet. 2012 war BRT dann Geschichte. Meine Partner hatten die Chance, sich ohne Schulden weiterzuentwickeln. Ich musste das mit viel Schulden tun, doch das ist mir gelungen. Ich habe damit kein Problem und stehe mit Jens Bothe und Kai Richter immer noch in Kontakt, nur geht eben jeder seinen eigenen Weg. Sozusagen als Abschiedsgeschenk habe ich ein Buch mit dem Titel *20 Jahre BRT* herausgegeben, in dem alle unsere Projekte dokumentiert sind.

7.

# KRISEN

## SCHLÜSSELERLEBNIS IN INDIEN

↑ **Offenbar ein längeres Telefonat: Hadi Teherani im Büro**

*Ich musste unbedingt wieder positiv denken, offen und optimistisch sein, so wie ich es sonst immer gewesen bin.*

**NIEMAND LIEST GERN** negative Nachrichten über sich in der Zeitung. Als im November 2010 die Presse berichtete, dass wir unsere Gehälter nur verspätet zahlen konnten und außerdem Kurzarbeit anmelden mussten, steckten wir durch das Scheitern unseres Russland-Engagements in einer schwierigen Phase, die ich nach der Trennung von Jens Bothe und Kai Richter allein bewältigen musste. In dieser Zeit musste ich mehrere Immobilien verkaufen, um die notwendigen Mittel aufzubringen. Die Jahre von 2010 bis 2012 waren herausfordernd und haben mich an den Rand meiner finanziellen Möglichkeiten gebracht. Aber ich habe durchgehalten, konnte schließlich alle Gehälter zahlen, meinen finanziellen Verpflichtungen nachkommen und damit meinen guten Namen retten.

Obwohl ich ein durch und durch optimistischer Mensch bin und immer nach vorn schaue, gab es damals den einen oder anderen Moment, in dem ich mich ziemlich allein gefühlt habe. Ich fragte mich, wieso werde ich auf einmal gemieden? Wieso gibt mir niemand mehr einen

Auftrag? Warum werde ich nicht mehr zu Wettbewerben eingeladen? Irgendwann habe ich dann begriffen, dass es auch an mir selbst lag, an der Art und Weise, wie ich auftrat. Wer deprimiert ist, verströmt keine positive Energie.

Ein Schlüsselerlebnis gab es in Indien, wo ich gerade zu dieser Zeit mit Manav Goel, einem einheimischen Partner, ein Büro gegründet hatte. Als ich Goel in Bangalore besuchte, führte er mich in einen Hindutempel. Wir gingen in diesen für mich sehr fremden Raum, der mit den Darstellungen hinduistischer Gottheiten angefüllt war und von vielen Gläubigen besucht wurde. Ich bin ja eigentlich kein religiöser Mensch, trotzdem hat mich die Atmosphäre so bewegt, dass ich Manav Goel, der ein gläubiger Hindu ist, fragte, wieso es mir gerade so schlecht geht. Darauf sagte er mir, ich solle mich an den Tempelpriester wenden, eine eindrucksvolle Erscheinung mit langen Haaren und Bart. Ich sagte ihm nichts von meinen aktuellen Problemen, fragte ihn aber, was er über mein Schicksal sagen könne. Er sah mich lange an, fragte nach Namen, Eltern und Geburtsdatum, blätterte in einem Buch und sagte dann sinngemäß: „Die Sterne jetzt stehen schlecht, das wird sich aber bald ändern."

Obwohl ich nicht esoterisch veranlagt bin, hat mir das sehr geholfen. Als wir den Hindutempel wieder verließen, fühlte ich mich besser und sagte mir, dass ich meine Strategien dringend ändern muss – positiv denken, offen und optimistisch sein, so wie ich es sonst immer gewesen bin. Ich habe meine Enttäuschungen abgeschüttelt und bin wieder aufrecht durch die Stadt gegangen. Dadurch

↑ **Hindutempel in der indischen Metropole Bangalore**

hat mich meine Umwelt auch anders wahrgenommen, ich hatte die schlechte Energie hinter mir gelassen und trat erneut mit meinem gewohnten Selbstbewusstsein auf. Ich bin wie gesagt weder religiös noch abergläubisch, aber an negative oder positive Energie, an ein gutes oder ein schlechtes Karma glaube ich schon. Und vor allem glaube ich, dass man es selbst in der Hand hat, diese Dinge zu beeinflussen.

Bald wurde ich wieder zu Wettbewerben eingeladen und erhielt Aufträge. Obwohl ich an den finanziellen Altlasten noch zu tragen hatte, brauchte ich wieder ein repräsentatives Büro. Die Lösung fand ich mit dem Lofthaus am Elbberg, das wir 1994 mit BRT gebaut hatten und das ich nun zu vernünftigen Bedingungen kaufen konnte. 2011 wurde es meine neue Firmenzentrale, in der ich alle meine Hamburger Firmen zusammenfasste.

Lofthaus am Elbberg, Hamburg, 1994–1997

→ S. 136

Nach der Trennung von BRT habe ich mit etwa 30 Mitarbeitern weitergemacht, konnte mit weniger Leuten, aber gutem Karma durchstarten. Und damit das auch möglichst jeder mitbekam, gab ich zur Einweihung des Büros eine rauschende Party, zu der ich sehr viele Leute einlud. Die Reaktionen waren positiv: Die Gäste kamen, sahen das großzügige Büro mit viel Glas und tollem Blick auf die Elbe und fragten sich, wie ich das schon wieder hingekriegt hatte.

Mit den Gästen kamen auch die Aufträge. Ziemlich am Anfang realisierte ich ein Projekt in Berlin, ein Wohnhaus am Humboldthafen ganz in der Nähe des neuen Hauptbahnhofs. Ab dann ging es wieder bergauf. Spä-

*Besonders spannend war für mich die Gründung eines Büros in meiner Geburtsstadt Teheran 2014.*

testens 2014 hatten wir eine gewisse Stabilität erreicht, was die Bankenfinanzierung leichter machte. Auch in der schwierigen Zeit wollte ich mich nicht nur auf Hamburg konzentrieren, sondern trieb auswärtige Projekte voran. Besonders spannend war für mich die Gründung eines Büros in meiner Geburtsstadt Teheran 2014. Dafür musste ich meine Farsi-Kenntnisse wieder so weit auffrischen, dass ich mit den Partnern vor Ort sprechen konnte. Die Schönheit und der Ausdrucksreichtum der persischen Sprache haben mich beeindruckt, und als ich nun wieder Persisch sprechen lernte, hatte ich oft das Gefühl, mir selbst, meiner Geschichte und meinen Wurzeln zu begegnen. Mit Politik und Religion hatte ich nichts zu tun, aber die Menschen im Iran haben mich sehr beeindruckt. Es ist natürlich etwas völlig anderes, ob man als Kind die Familie besucht oder als Geschäftsmann mit Partnern kommuniziert. Ich bin zwar gebürtiger Perser, aber inzwischen sehr deutsch geprägt. Ich halte mich selbst für einen höflichen Menschen, aber im Vergleich zu den Menschen in Teheran bin ich mit meiner direkten Art geradezu schroff. Wenn mir etwas nicht gefällt, sage ich das auch, was meine Gesprächspartner dort als befremdlich empfinden. Nach dem dortigen Kodex müsste ich meine Einwände umständlich umschreiben. Diese Höflichkeit treibt mitunter merkwürdige Blüten. So erinnere ich mich an einen Taxifahrer in Teheran, der sich immer wieder dafür entschuldigte, dass er mir den Rücken zukehrte, obwohl das ja gar nicht anders gegangen wäre.

Die „korrekte“ Antwort darauf wäre gewesen: „Eine schöne Blume hat weder Vorder- noch Rückseite.“ Später habe ich dann gemerkt, dass diese oft übertrieben scheinende Höflichkeit einfach nur ein Ritual ist, eine Konvention, auf die man sich geeinigt hat. Das ist einerseits faszinierend, kann aber auch anstrengend werden.

Erst dachte ich, dass man den iranischen Architekten, die ich Teheran einstellte, noch viel beibringen müsste, stellte aber schnell fest, dass sie hervorragend ausgebildet und sehr motiviert sind. Einige besonders begabte persische Architekten habe ich sogar in mein Hamburger Büro geholt. Es gibt überhaupt keine Berührungsängste gegenüber moderner westlicher Architektur, denn auch in Teheran findet man Bauten, die ganz ähnlich aussehen wie etwa die historischen Bauhaus-Viertel in Tel Aviv. Wir bauen in Teheran vor allem Wohnungen im Luxussegment. Oft werden junge Paare von ihren Eltern und Großeltern finanziell in die Lage versetzt, sich eine solche Wohnung leisten zu können. Das entspricht der traditionellen Denkweise, wonach man das Leben genießen soll, wenn man jung ist und etwas davon hat.

Die Büros in Bangalore und Teheran gründete ich in einer Krisenzeit. Das war quasi antizyklisch, entsprach aber auch meinem Anliegen, möglichst breit aufgestellt zu sein. So entstanden im Design auch weitere neue Projekte, zum Beispiel das variierbare Lichtmodul Busch-iceLight für die Firma Busch-Jaeger sowie weitere Designprojekte in Zusammenarbeit mit der Odenwald Faserplattenwerk GmbH (OWA) oder der Firma Vorwerk. Mein Moskauer Büro

↗ **Visualisierter Entwurf (Rendering) für eine Villa im noblen Teheraner Stadtteil Lavasan**

↑ **SCALE LIVING heißt dieses für die Firma Vorwerk entwickelte Teppichfliesen-System. Die einzelnen Teppichmodule können ohne Klebstoff oder Werkzeug abnehmbar fixiert werden.**

musste ich dagegen abwickeln. Christoph Woop, mein Büroleiter in Moskau, ist dann als Chef unserer Neugründung nach Teheran gegangen.

In der Krisenzeit war die Familie für mich wichtig, ich hatte immer engen Kontakt nicht nur zu meinen Eltern, sondern auch zu meinen beiden Brüdern. Fachlichen und finanziellen Rat fand ich bei engen Freunden, vor allem bei meinem alten Kommilitonen Michael Zimmermann, mit dem ich seit Jahrzehnten eng verbunden bin. Für Ratschläge war ich immer dankbar, auch wenn ich sie mitunter nicht angenommen habe, denn natürlich musste ich letztlich allein entscheiden und die Folgen dieser Entscheidungen tragen. Oft waren diese Ratschläge aber wertvolle Denkanstöße, die mich dann auf die Lösungen brachten, die mir in der jeweiligen Situation wirklich geholfen haben.

Während der Jahre, die geschäftlich so schwierig waren, trennte ich mich von meiner langjährigen Lebensgefährtin Linda Strüngmann. Wir waren mehr als drei Jahrzehnte ein Paar, am Anfang hätte ich mir auch vorstellen können, zu heiraten und eine Familie zu gründen. Zunächst haben wir es immer verschoben, aber offenbar beide nicht wirklich gewollt. Irgendwann war es zu spät, was ich dann aber auch gut fand, denn sehr wahrscheinlich hätte ich Familie und Karriere nicht gut in Einklang bringen können. Ich bewundere Menschen wie Joachim Schürmann, der eine harmonische Ehe führte und vier Kinder hatte. Ich bin in dieser Hinsicht wahrscheinlich nicht so begabt. Gerade in der Zeit, in der ich mich geschäftlich neu ordnen musste,

*In der Krisenzeit war die Familie für mich wichtig, ich hatte immer engen Kontakt nicht nur zu meinen Eltern, sondern auch zu meinen beiden Brüdern.*

hatte ich das Gefühl, auch privat frei sein zu müssen. Hinzu kam, dass sich meine Partnerin damals um ihre kranken Eltern kümmern musste, was sie auch aufopferungsvoll getan hat. Sie zog zu ihnen und hatte eine Aufgabe zu bewältigen, der alles andere untergeordnet war. In dieser Zeit stellten wir fest, dass sich unsere Beziehung im Laufe der Jahre verändert hat. Wir hatten uns mehr und mehr auseinandergelebt und schließlich entschieden wir, uns zu trennen. Natürlich fällt ein solcher Entschluss nicht leicht und ist für beide Seiten schmerzlich. Doch unsere Trennung lief ohne Drama ab, wir haben auch heute noch Kontakt zueinander.

8.

# NEUANFÄNGE

## ZURÜCK ZU DEN WURZELN

↑ **Beispiel persischer Architektur des 19. Jahrhunderts: das Borudscherdi-Haus in der iranischen Stadt Kaschan im zentralen Hochland**

*Ich hätte nicht gedacht, dass ich nach so vielen Jahren wieder in die Kultur meines Geburtslandes eintauchen und das als große Bereicherung erfahren würde.*

**IMMER WIEDER ERLEBE** ich an mir, dass ich Vergangenem nicht nachtrauere, Neuem gegenüber aber aufgeschlossen bin. Natürlich ist das Ende einer langjährigen Beziehung, sei es geschäftlich oder privat, schmerzhaft. Ich habe es aber vor allem als befreiend empfunden: Nun musste ich keine Rücksicht mehr auf Partner nehmen, keine Rechenschaft ablegen, sondern konnte mich voll darauf konzentrieren, Probleme endgültig hinter mir zu lassen.

Und es gab auch einen persönlichen Neuanfang: Als ich im Zusammenhang mit der Gründung meines Büros in Teheran einen Vortrag hielt, lernte ich eine Architekturstudentin kennen, mit der ich bis heute zusammen bin. Ausgerechnet in meiner Geburtsstadt hatte ich eine neue Partnerin gefunden. Rosa ist die Tochter des im Iran sehr bekannten Mediziners Dr. Reza Fattahi, der in dem vornehmen Ort Lavasan die einzige Privatklinik betreibt. Ich lernte sie auf einer Veranstaltung in Teheran kennen. Sie war in Begleitung ihrer Schwester Romi, da sie damals abends noch nicht allein ausgehen durfte. Inzwischen hat sie ihr Studium als Innenarchitektin abgeschlossen. Wenn ich nach Teheran fliege, habe ich dort nicht nur ein neues Büro, sondern auch eine neue Familie, denn die Angehörigen von Rosa nahmen mich freundschaftlich und mit viel Herzlichkeit auf.

Das war für mich ein weiterer Ansporn, mein Farsi deutlich zu verbessern. Mittlerweile spreche ich das Umgangspersisch sehr viel besser als früher, obwohl ich noch grammatikalische Fehler mache und mir Wörter fehlen. Ich beschäftigte mich auch wieder viel stärker mit persischer Kultur, Geschichte und Philosophie. Die Situation im Iran ist bekanntermaßen schwierig und für die Menschen sehr belastend, aber trotz aller Probleme lassen sie sich ihren Lebensmut und ihre innere Freiheit nicht nehmen. Sie sind großzügiger, toleranter und viel liberaler, als wir uns das im Westen vorstellen können. Dass ich viel älter bin als Rosa und wir zunächst nicht verheiratet waren, spielte für ihre Familie und den Freundeskreis keine Rolle. Im Sommer 2023 haben wir in Teheran eine große Verlobungsparty mit knapp 200 Gästen gefeiert, und für 2024 ist unsere Hochzeit geplant. Ich hätte nicht gedacht, dass ich nach so vielen Jahren wieder in die Kultur meines Geburtslandes eintauchen und das als große Bereicherung erfahren würde. Eigentlich habe ich Persien erst jetzt richtig kennengelernt. In den letzten Jahren bin ich mit meiner neuen persischen Familie viel durchs Land gereist, nach Isfahan, Schiraz, Yazd, Kaschan und Persepolis. So viel Schönheit macht mich glücklich, und davon schwärme ich der Familie und meinen Freunden vor.

↗ **Hadi Teherani mit seiner Partnerin Rosa Fattahi 2023 bei einer Veranstaltung in Hamburg**

↑ Verlobung in Teheran im Sommer 2023: Hadi Teherani mit Rosa Fattahi

*Fast 80 Prozent der Beschäftigten in meinem Teheraner Büro sind Frauen, die alle hervorragend ausgebildet, hochmotiviert und überaus kreativ sind.*

Manchmal schütteln sie den Kopf über mich und sagen, dass ich nur die schönen Dinge sehen und die hässlichen Seiten ausblenden würde. Und natürlich haben sie recht, denn es fällt leichter, die Schönheit von Kultur und Landschaft zu genießen, wenn man den problematischen Alltag nicht auf sich nehmen muss und jederzeit wieder abreisen kann. Aber grundsätzlich entspricht es meinem Naturell, dass ich mich bemühe, nur Schönes zu sehen, und Dinge meide, die mir nicht gefallen. Das reicht bis in den Alltag hinein, wenn ich zum Beispiel auf dem Weg ins Büro nur Strecken wähle, wo ich nichts sehen muss, was mir widerstrebt, auch wenn der Anfahrtsweg dadurch vielleicht etwas länger wird.

Und es gibt genügend positive Entwicklungen im Iran, ganz unabhängig von den Mullahs und dem staatlichen System. Mich faszinieren vor allem die jungen Leute, die voller Ideen und voller Energie sind, diese auch umzusetzen. Sie gründen Start-ups, Galerien und Cafés, interessieren sich für Literatur und Architektur. Dank meiner Partnerin habe ich die Chance, diese junge Szene in Teheran kennenzulernen, in der Frauen eine besonders große Rolle spielen. Fast 80 Prozent der Beschäftigten in meinem Teheraner Büro sind Frauen, die alle hervorragend ausgebildet, hochmotiviert und überaus kreativ sind. Hier wächst eine Generation auf, die die Gesellschaft im Iran perspektivisch enorm verändern wird. Das braucht zwar noch Zeit, ist aber schon jetzt zu erkennen. Zu meinen besten Leuten hier in Hamburg gehören inzwischen nicht wenige Iraner.

Heute sind mein Büro und mein Name in Teheran recht bekannt. Dadurch entwickelt sich eine Konkurrenz, es gibt persische Kollegen, die sich mit mir messen wollen, und so steigt das Niveau insgesamt. Das kann man bei Wettbewerben schon deutlich sehen. Da besteht ein Unterschied etwa zu Dubai, wo nur Europäer oder Amerikaner Gebäude realisieren. Im Iran kommen die innovativen Ideen dagegen in vielen Fällen von einheimischen Büros, die keinen Vergleich mit internationalen Architekten scheuen müssen. Hier wirkt sich der Boykott des Westens einmal positiv aus: Wenn nur wenige Ausländer im Land aktiv sein können, ergibt sich für Einheimische die Chance, mit außergewöhnlichen eigenen Ideen zum Zuge zu kommen. Ich bin froh, dass ich diese Entwicklung beobachten und mich sogar daran beteiligen kann. Obwohl ich kein besonders emotionaler Mensch bin, liegt mir Persien wirklich am Herzen.

Trotzdem bleibt mein Lebensmittelpunkt Hamburg. Hier geht es seit 2020 mit Sebastian Appl und Dr. Christian Bergmann als neuen Partnern im Architekturbüro weiter. Das Designbüro wird von Elke Malek geleitet, die Innenarchitektur-Abteilung von Nicola Sigl. Mit dem Thema Nachhaltigkeit beschäftige ich mich schon seit 25 Jahren, werde das aber in Zukunft noch stärker tun. Deshalb habe ich die Firma Hadi Teherani Solar gegründet. Geschäftsführer dieses innovativen Unternehmens für großangelegte Photovoltaik-Projekte, die ästhetisch und funktional

↗ **Blick in die Halle unter der 40 Meter hohen Kuppel im 2024 fertiggestellten Deutschlandhaus am Hamburger Gänsemarkt**

↑ **Außenansicht des Deutschlandhauses, bei dem Hadi Teherani erstmals Backstein als markantes Baumaterial einsetzte**

↑ Hafenpark Quartier Frankfurt am Main. Hier entsteht ein Hotel- und Wohngebäude, das 2024 fertiggestellt wird (rechts im Bild).

↖ Detailvisualisierung eines Penthouses im Hafenpark Quartier in Frankfurt

↗ → Direkt neben dem Duisburger Hauptbahnhof steht das 2020 fertiggestellte Mercator One. Mit seiner fächerförmigen Fassade bildet das Bürogebäude ein markantes Entree zur Stadt.

in Gebäuden und Freiflächen integriert werden, ist Payam Hazin. Mit diesem Engagement verbinden meine Partner und ich besonders hohe Erwartungen. Mit Bauten wie dem Deichtor-Center, der Europa Passage, dem Berliner Bogen und jetzt gerade mit dem Deutschlandhaus haben wir im Hamburger Stadtbild eigene Akzente gesetzt. Aber inzwischen arbeite ich auch viel stärker als früher deutschlandweit, etwa in Freiburg, Duisburg, Düsseldorf, Augsburg, München und Stuttgart. Ein wichtiges Beispiel ist das Hafenpark Quartier Frankfurt direkt am Mainufer und in unmittelbarer Nachbarschaft zur Europäischen Zentralbank mit Wohnbauten, einem Campus und Hotel. Oder das Büro- und Geschäftsgebäude Mercator One mit Deutschlands erster recycelter Aluminiumfassade in Duisburg, das ein repräsentatives Entree zur Stadt bildet. Gleich gegenüber dem Freiburger Hauptbahnhof haben wir das Volksbank-Areal gebaut, das neben der Bankzentrale auch die Stiftungen der Erzdiözese, ein Gymnasium, ein Hotel sowie Büros und Ladenflächen umfasst. Im April 2023 wurde der Krallerhof im österreichischen Ort Leogang eingeweiht, ein 5-Sterne-Hotel mit einem außergewöhnlichen Spa-Bereich, der unter anderem einen 5.500 Quadratmeter großen Badesee umfasst.

Das alles und vieles mehr wurde nur möglich, weil ich immer nach vorn geblickt und an meine Ideen geglaubt habe. Längst werden wir wieder zu Wettbewerben eingeladen und bauen mehr denn je nicht nur in Hamburg und Deutschland, sondern zunehmend auch international.

9.

# PERSPEKTIVEN

## WAS NOCH KOMMEN WIRD

↑ **Hadi Teherani beim Zeichnen**

*Ich selbst denke auch im siebten Lebensjahrzehnt noch über den Tag hinaus, schmiede Pläne und ja, ich habe auch Visionen.*

**DEN AUSSPRUCH VON** Helmut Schmidt, wer Visionen hat, solle zum Arzt gehen, habe ich nie verstanden. Die Haltung, die sich dahinter verbirgt, halte ich für demotivierend und arrogant. Ich selbst denke auch im siebten Lebensjahrzehnt noch über den Tag hinaus, schmiede Pläne und ja, ich habe auch Visionen. Wer gestalten will, und das habe ich immer als meine eigentliche Aufgabe gesehen, muss in die Zukunft blicken. Da Gestaltung für mich Design und Architektur umfasst, geht es dabei im Grunde um alles, was uns umgibt.

Ich habe immer darauf geachtet, mich nicht treiben zu lassen, sondern aktiv und bewusst zu leben. Da ich mich für einen logisch denkenden Menschen halte, ist mir bewusst, dass ich jetzt den Herbst meines Lebens erreicht habe. Die Zeit, die mir bleibt, will ich nutzen, denn es gibt noch viel zu tun. Früher konnte ich Vorhaben verschieben, das geht jetzt nicht mehr. Als ich 30 oder 40 Jahre alt war, schien die Zukunft nahezu unbegrenzt verfügbar zu sein. Mit 60 begann sich das zu verändern, seitdem vergeht die

*Ohne Arbeit könnte ich nicht leben, über eine Work-Life-Balance habe ich noch nie nachgedacht.*

Zeit auch viel schneller, und die Geschwindigkeit nimmt ständig zu.

Bis vor ein paar Jahren wurde ich immer deutlich jünger geschätzt, als ich bin. Das hat sich leider etwa seit meinem 65. Geburtstag geändert. Doch da ich weder rauche noch trinke und mich auch gesund ernähre, geht es mir gut. Für Krafttraining, das ich eigentlich machen sollte, reicht meine Disziplin leider nicht, aber ich umrunde fast jeden Morgen gegen 7 Uhr einmal die Außenalster und hole mir dabei am Mittelweg einen Kaffee. Das ergibt eine Strecke von gut acht Kilometern. Bis zur Corona-Pandemie 2020 bin ich diese Strecke noch gejoggt, inzwischen ziehe ich es vor, zügig zu gehen.

Dass Bewegung wichtig ist, weiß jeder. Ich habe das morgendliche Laufen 2008 während der Finanzkrise für mich entdeckt und dabei festgestellt, dass ich den Kopf frei bekomme. Probleme relativieren sich, wirken nicht mehr bedrohlich, sondern erscheinen beherrschbar. Außerdem spiele ich seit 25 Jahren jeden Montag um 8 Uhr am Rothenbaum Tennis. Auch das hält mich fit und fordert zugleich das Koordinationsvermögen und die Reaktionsgeschwindigkeit. Ganz sicher trägt der Sport dazu bei, dass ich weiterhin so intensiv arbeiten kann. So bestimmt die Arbeit nach wie vor meinen Alltag, ohne dass ich das als Last empfinde. Ohne Arbeit könnte ich nicht leben, über eine Work-Life-Balance habe ich noch nie nachgedacht.

Trotzdem spüre ich, dass sich manche Dinge im fortgeschrittenen Alter verändern. Vor allem setze ich heute andere Prioritäten als vor vielleicht 20 Jahren. Auch früher habe ich versucht, Gelegenheiten zu nutzen und Chancen nicht auszulassen. Doch jetzt gewinnt der Zeitfaktor eine viel größere Bedeutung. Alles, was ich noch machen kann, muss ich jetzt erledigen, oder jedenfalls sehr bald. Wenn mich jemand fragt, wann ich denn endlich mit der Arbeit aufhören werde, antworte ich immer: Wieso, ich habe doch gerade erst angefangen.

Der Tod passt eigentlich nicht in mein Konzept. Den Gedanken daran kann ich trotzdem nicht ignorieren, vielleicht hilft er mir aber, meine verbleibende Lebenszeit bewusster zu nutzen. Dass ich mich jünger fühle, als ich bin, liegt ganz sicher auch an den vielen jungen Menschen, mit denen ich täglich zu tun habe. Viele meiner Angestellten sind jung, außerdem habe ich eine sehr junge Lebenspartnerin. Obwohl ich ein Siebenmonatskind bin, war ich nie kränklich, sondern hatte immer eine robuste Gesundheit. Das mag an guten Genen liegen: Meine Mutter ist inzwischen hochbetagt, und mein Vater ist erst kürzlich im Alter von 90 Jahren gestorben.

Ich fühle mich also nicht 70-jährig, sondern eher wie ein 50-Jähriger, weiß aber, dass man sein biologisches Alter auf Dauer nicht überlisten kann. Und da ich die Natur bewundere, akzeptiere ich auch, dass der Tod naturgegeben ist. Wenn ich einen Menschen verliere, wie jetzt meinen Vater, lehne ich mich nicht dagegen auf, weil es ja doch nichts ändern würde. Stattdessen erinnere ich mich an schöne Erlebnisse und Gemeinsamkeiten und bewahre den Schatz der positiven Erinnerungen. Wenn ich

*Wenn ich meine Begabung und meine Chancen betrachte, muss ich sagen, dass ich alles gut genutzt habe.*

an meinen Vater denke, sehe ich ihn nicht als vom Tod gezeichneten Greis, sondern habe von ihm ein Bild aus der Zeit vor Augen, als es ihm noch gut ging, als er fröhlich war und noch tanzen konnte.

Ich stelle allerdings fest, dass es oft eine Diskrepanz zwischen der körperlichen Verfassung und dem geistigen Anspruch gibt. Im Kopf bin ich noch jung, muss aber akzeptieren, dass der Körper mitunter nicht mehr mithalten kann. Und wenn ich mir das bewusst mache und mir vor Augen halte, dass ich in der letzten Lebensphase stehe, stellt sich die Frage, was ich in meiner Lebenszeit erreicht habe. Wenn ich mir das ansehe, könnte ich zufrieden sein. Im Prinzip hätte ich schon vor zehn Jahren mit gutem Gewissen abtreten können, denn schon damals war mein „Auftragsbuch" gut abgearbeitet. Aber zugleich sehe ich eben die Chance, dass ich durchaus noch mehr schaffen kann. Und das motiviert mich, treibt mich zum Weitermachen an.

Wenn ich meine Begabung und meine Chancen betrachte, muss ich sagen, dass ich alles gut genutzt habe. Ich bin bestimmt nicht unter meinen Möglichkeiten geblieben, sondern habe im Gegenteil 150 Prozent rausgeholt. Und das ist mir mit Leichtigkeit gelungen, ohne mich zu quälen oder zu verkrampfen. Ich bin zwar nicht mit dem silbernen Löffel im Mund geboren worden, aber doch ein Glückskind gewesen. Ich kam als Kind in ein Land, in dem ich viele Chancen erhielt und diese auch nutzen konnte. Wenn ich gefragt werde, ob ich dieselbe Karriere auch hätte machen können, wenn ich in Persien geblieben wäre, kann ich das nur verneinen. Ich bin zwar sicher, dass ich auch in Teheran meinen Weg gegangen wäre, wie meine etwa gleichaltrigen Verwandten. Vielleicht wäre ich Geschäftsmann geworden, hätte eine Firma aufgebaut, wie ein Cousin, der eine Stahlfirma gegründet hat und heute in den USA lebt. Vermutlich hätte ich ein angenehmes Leben führen können, wäre aber ganz sicher nicht das geworden, was ich eigentlich bin, was quasi meine Bestimmung ist: nämlich Architekt und Designer.

An einer ganz entscheidenden Stelle meines Lebens gab es einen glücklichen Zufall: Als ich das „Universum gefragt" und die Münze geworfen habe und die Entscheidung gegen das Grafik- und für das Architekturstudium fiel, war die Weiche für mich richtig gestellt. Vielleicht wäre ich auch ein erfolgreicher Grafiker geworden und hätte in einer Werbeagentur gearbeitet, aber glücklich geworden wäre ich damit wohl nicht.

Als Architekt und Designer habe ich mich immer weiterentwickelt, habe mein Know-how erweitert und ständig dazugelernt. Mit neuen Aufgaben und neuen Einsichten finden sich auch neue Lösungen. So ist es mir immer gelungen, mein Niveau zu erhöhen. Trotzdem kann ich noch immer zu dem stehen, was ich ganz am Anfang getan habe. Meine ersten Entwürfe sind schon genauso kraftvoll und dynamisch wie diejenigen, die heute entstehen. In meinen Augen sind sie zeitlos. Das liegt wohl daran, dass sich der innere Antrieb und das Gefühl, aus dem heraus meine Entwürfe entstehen, bis heute nicht verändert haben. Verändert haben sich nur die technischen

Möglichkeiten im Laufe der Zeit. Wenn ich mir heute noch einmal einen 30 Jahre alten Entwurf vornehme, finde ich nichts, was ich jetzt anders machen würde.

Das Thema Nachhaltigkeit, das inzwischen so sehr im Vordergrund steht, war für mich schon immer maßgeblich. Schon als junger Architekt wollte ich Dinge schaffen, die Bestand haben. Meine Architektur hatte noch nie ein Ablaufdatum. Niemals wäre es mir in den Sinn gekommen, ein Gebäude für eine begrenzte Nutzungsdauer von vielleicht 20 Jahren zu bauen. Es mag vermessen klingen, aber ich baue für die Ewigkeit, obwohl ich natürlich weiß, dass kein Gebäude „unsterblich" ist. Aber ich habe zumindest den Anspruch, so zu bauen, dass meine Häuser über Generationen hinweg funktionieren, akzeptiert und als schön empfunden werden. Mit anderen Worten: Die Architektur und das Design müssen unbedingt nachhaltig sein. Natürlich geht es dabei auch um Parameter wie den Ressourcen- und Energieverbrauch, aber es ist eben noch viel mehr.

Was ich unter Nachhaltigkeit verstehe, zeigt sich an dem Gebäude, in dem ich selbst lebe. Ich habe es 1999 gebaut und fühle mich in diesem Haus an der Alster so wohl wie am ersten Tag. Durch die große Glasfassade dringt viel Licht, zugleich wird damit die Grenze zur Natur überwunden, die Teil des Raumes ist. Die Materialien und die Details sind so gewählt, dass sie den Blick nicht ablenken und der Geist zur Ruhe kommt. Wenn ich meine Wohnung betrete, werde ich geerdet. Über die Energie, die ich durch die Begegnung mit der Natur erfahre, habe ich früher nie nachgedacht. In der asiatischen Baukultur

*Wenn ich meine Wohnung betrete, werde ich geerdet. Über die Energie, die ich durch die Begegnung mit der Natur erfahre, habe ich früher nie nachgedacht.*

spielt die Frage nach der guten oder schlechten Energie seit jeher eine große Rolle. Intuitiv habe ich die Dinge wohl schon früher richtig gemacht, jetzt gehe ich viel bewusster damit um und versuche, von der Natur zu lernen.

Kreativität ist für mich nicht von bestimmten äußeren Bedingungen abhängig. Wenn ich vor einer Aufgabe stehe und mich mit ihr zu beschäftigen beginne, spielt der Ort, an dem ich mich befinde, keine Rolle. Kreativität entsteht im Denken. Wenn ich mich mit der Aufgabe beschäftige, setzt beim Entwerfen der kreative Prozess ein.

Oft werde ich gefragt, welche Art von Projekt ich unbedingt noch gern realisieren würde. Mit solchen Fragen kann ich nicht viel anfangen. Natürlich finde ich große, von der Öffentlichkeit stark beachtete Projekte grundsätzlich interessant, trotzdem ist mir etwas anderes viel wichtiger. Auch in meiner jetzigen Lebensphase achte ich darauf, dass ich nicht stagniere, sondern immer noch besser werde. Ich investiere viele Ideen und viel Kraft, um mich auch weiterhin mit der Elite der Architekten messen zu können. Manchmal denke ich, dass da noch Luft nach oben ist. Aber gerade das spornt mich an, motiviert mich und fördert meine Kreativität. Mich interessiert in erster Linie nicht, wie viel Geld ich mit dem einen oder anderen Projekt verdienen kann, sondern welche Aussage es hat. Wichtiger als die Menge der realisierten Projekte ist für mich die Gewissheit, dass es mir auch jetzt noch gelingen kann,

*Auch nach 70 Jahren stehe ich mitten im Leben, gehe fast jeden Abend aus, habe Kontakt zu vielen anregenden Menschen.*

deren Qualität weiter zu erhöhen. Das einzige Kriterium, das auf Dauer zählt, ist der künstlerische Anspruch. Ich bin froh über die Leichtigkeit, mit der ich meine Aufgaben bewältigen kann. Ich finde es gut, dass ich mich nicht krampfhaft um Ideen und deren Umsetzung bemühen muss, sondern dass mir das kreative Moment quasi zufällt. Auch nach 70 Jahren stehe ich mitten im Leben, gehe fast jeden Abend aus, habe Kontakt zu vielen anregenden Menschen. Leben und arbeiten, das lässt sich für nicht trennen, sondern bedingt einander. Alle Fragen, die das Leben aufwirft, nehme ich bewusst wahr. Diese Dinge prägen mich und fließen auch in meine kreative Arbeit ein. Und weil das Leben und das Gestalten für mich eins sind, kann ich nicht einfach den Stift hinlegen und sagen: „Ich bin jetzt alt, habe genug getan und höre auf." Für mich gilt: Solange ich lebe, möchte ich auch gestalten. Und mit dieser Motivation bin ich in guter Gesellschaft: Der von mir sehr geschätzte brasilianische Architekt Oscar Niemeyer hat nach dem Tod seiner Frau im Alter von 98 Jahren noch einmal geheiratet und bis zu seinem Lebensende gearbeitet. Er starb 2012 kurz vor seinem 105. Geburtstag.

# WEGMARKEN

## 22 wichtige Architektur- und Designprojekte

1990–2023

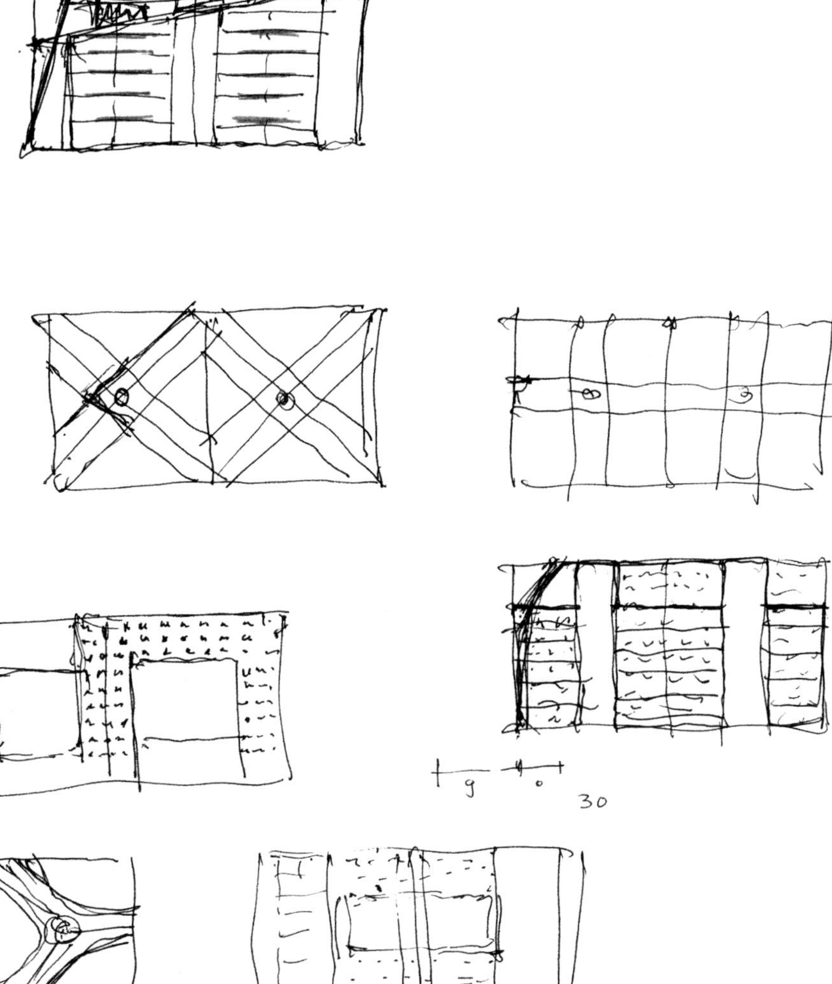

# CAR & DRIVER
## HAMBURG, DEUTSCHLAND
AUTOHAUS
1990–1991

Dieses Projekt ist in einer Zeit entstanden, als Automobilfirmen noch keine „gläsernen Manufakturen" bauten und Händler edle Autos noch nicht in fast museumsartigem Ambiente präsentierten. In meinem Entwurf orientierte ich mich zunächst an den Industriehallen in unmittelbarer Nachbarschaft, deren gefaltete Dächer ich als geometrische Form aufgriff. Da die Sichtbarkeit des Innenraums von außen besonders wichtig war, stellten wir die großformatigen Scheiben schräg und neigten sie nach außen, wodurch eine kristalline Form entstand und die Spiegelung verhindert wurde. Zugleich sollten die Fassaden wie ein Flügel wirken, was sich auf das Programm des Auftraggebers bezog, der nur Autos verkaufte, in deren Logos Flügel zu sehen sind, nämlich Rolls-Royce, Aston Martin und Bentley. Die Autoindustrie arbeitete zu dieser Zeit aus aerodynamischen Gründen schon längst fugenlos, was mich so faszinierte, dass ich es für dieses Projekt übernahm und Glas und Aluminium bündig und ohne Rahmen aneinandergrenzen ließ. In der Architektur war das neu, wie auch die rahmenlose Glasfassade, die erstmals in Deutschland allein von Punktaufhängungen gehalten wurde.

Um die Autos wie wertvolle Ausstellungsstücke zu inszenieren, haben wir den Fußboden im Showroom gegenüber dem Trottoir um einen Meter erhöht. Gesteigert wurde die Wirkung noch durch das vor der Fassade verlaufende Wasserbecken, was Distanz schuf und zu einer maritimen Anmutung beitrug. Das Gebäude erinnert an ein Schiff, dessen Fracht die teuren britischen Automobile waren, die hier verkauft werden sollten. Auch die Haltelemente im Raum beziehen sich auf den Schiffbau, da sie an hochaufragende Masten erinnern. Der ganze Entwurf wird von den Beziehungen zwischen Motor und Haus, Technik und Architektur geprägt. So kann man die Holzelemente im Inneren mit den Wurzelholzeinlagen auf den Armaturenbrettern edler britischer Autos assoziieren.

Fotos: Klaus Frahm, Hamburg, und Jörg Hempel, Aachen

# LOFTHAUS AM ELBBERG
## HAMBURG, DEUTSCHLAND

BÜROGEBÄUDE

1994–1997

Das Grundstück, das einer meiner Freunde gekauft hatte, ist eher eine Verkehrsinsel, eingezwängt zwischen der ansteigenden Straße Elbberg und der Großen Elbstraße. Bei dem Wettbewerb, an dem auch renommierte internationale Büros beteiligt waren, konnten wir uns mit unserem Entwurf durchsetzen, obwohl der damalige Hamburger Oberbaudirektor Egbert Kossak ein anderes Projekt favorisiert hatte. Das schmale und nach Osten hin spitz zulaufende Grundstück liegt zwischen dem Geesthang und der Norderelbe. Direkt westlich schließt sich ein Backsteingebäude aus dem frühen 20. Jahrhundert an. Auf diesem schwierigen Grundstück habe ich ein Haus gebaut, das auf Stützen steht. Es nimmt die Linien und die Maßstäblichkeit des benachbarten Backsteingebäudes auf und wirkt zugleich filigran, transparent und leicht. Auch die Giebelform des Nachbarhauses habe ich aufgegriffen und bis zur Spitze durchgezogen.

Zum grünen Geesthang hin hat das Gebäude eine patinierte Kupferfassade, was sich auf die Kuppeln und Türme der Hamburger Kirchen und anderer historischer Gebäude bezieht. Die Form der einzelnen Kupferplatten wirkt schuppenartig, was wiederum eine Assoziation zum Ort bedeutet, denn ganz in der Nähe beginnt jeden Sonntagmorgen der Hamburger Fischmarkt. Die wellenförmige vorkragende Glasfassade auf der gegenüberliegenden Seite ermöglichte zur Erbauungszeit, als der Blick zur Elbe hin noch durch ein altes, unansehnliches industrielles Betongebäude verstellt war, einen freien Ausblick in Richtung Stadt. Auf einer Fläche von nur 450 Quadratmetern haben mein Team und ich 3.340 Quadratmeter Gebäudefläche geschaffen. Inzwischen steht das Haus mitsamt seiner innenarchitektonischen Ausstattung unter Denkmalschutz. Als ich mich 2011 von meinem alten Büro im Deichtor-Center trennen musste, erwies es sich als Glücksfall, dass ich das Haus von der amerikanischen Investmentbank Morgan Stanley kaufen und hier einziehen konnte. Seither habe ich alle meine Hamburger Firmen hier konzentriert, und wir fühlen uns so wohl, dass wir wohl kaum wieder umziehen werden.

Fotos: Klaus Frahm, Hamburg
Luftbild: Matthias Friedel, Hamburg
Fotograf Interieur: Roger Mandt, Berlin

HHLA

# FIRMENGEBÄUDE TOBIAS GRAU
## RELLINGEN, DEUTSCHLAND

BÜRO- UND PRODUKTIONSGEBÄUDE

1995–1998

Der Unternehmer und Designer Tobias Grau, der auf Leuchten spezialisiert ist, erzählte mir, dass er zusammen mit seiner Frau Franziska auf einem in Rellingen gelegenen Grundstück ein neues Firmengebäude errichten wollte.

Im intensiven Austausch mit dem Bauherrn, der eigene Vorstellungen einbrachte, habe ich ein zu dieser Zeit und eigentlich auch heute noch futuristisch anmutendes Gebäude auf einem Grundriss in H-Form entworfen. Es besteht aus einem Betonsockel, auf dem Holzleimbinder gespannt sind, die mit einer Aluminiumhaut versehen wurden. Zunächst schien Tobias Grau die Fläche zu groß, und außerdem befürchtete er, dass die Architektur eine Erwartungshaltung erzeugte, die er mit seinen Produkten nicht würde einlösen können. Ich sagte ihm damals: „Architecture sells", und wirklich zeigte sich, dass seine Bedenken gegenstandslos waren: Tobias Grau machte eine großartige geschäftliche Entwicklung und gilt längst als einer der führenden Designer in Deutschland und darüber hinaus. Selbst nach 26 Jahren sind sie noch glücklich mit diesem Haus, das so leicht ist, dass es fast zu schweben scheint, und aussieht, als ob es abheben könnte.

Dass dieses Gebäude nicht nur futuristisch aussieht, sondern tatsächlich zukunftsweisend war, zeigt sich an der damals schon integrierten Photovoltaik-Anlage, die auf Wunsch des Bauherrn nicht als Module aufgesetzt, sondern in die Fassadenfenster integriert wurden. Das hat außerdem einen interessanten ästhetischen Effekt: Die Solarelemente gliedern die Glasfassade so, dass sie beinahe wie Kirchenfenster wirken.

Fotos: Klaus Frahm, Hamburg / Tobias Grau

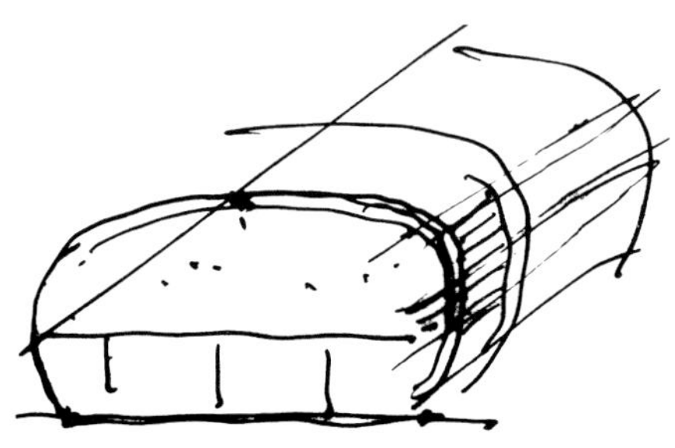

TOBIAS GRAU

RELLINGEN, DEUTSCHLAND

# DOPPEL-X

## HAMBURG, DEUTSCHLAND

BÜROGEBÄUDE

1995–1999

Wie lässt sich auf wenig Fläche ein attraktives, gut funktionierendes und außerdem besonders wirtschaftliches Bürohaus bauen? Vor dieser Aufgabe standen wir bei dem Wettbewerb für ein Bürohaus am Heidenkampsweg, das der Investor Dieter Becken bauen wollte. Unsere Antwort war ein Grundriss mit einem Doppel-X. Die beiden Kreuzungspunkte bilden die Erschließungskerne mit den Treppenhäusern, aber auch allen Serviceeinrichtungen wie Toiletten, Teeküchen und Kopierräumen. Von jedem X aus gelangt man in dem Gebäude mit zwölf Etagen in die sternförmig angeordneten Mietbereiche. Dabei handelt es sich um 72 Einheiten mit jeweils 220 Quadratmetern Fläche. Zusätzlich haben wir auf 2.500 Quadratmetern Gärten geschaffen und eine Glashülle darübergelegt, um einen natürlichen Luftwechsel zu generieren. Auf diese Weise wurde eine Klimaanlage überflüssig. Die zwischen der inneren und der äußeren Fassade entstandene Pufferzone hält Lärm, Regen und Wind vom Innenraum fern, eine Beschattung gewährleistet zugleich einen wirksamen Sonnenschutz.

Für mich war das Doppel-X das erste Projekt, bei dem wir das nachhaltige Haus-im-Haus-System verwirklicht haben. Die Hamburger Behörden waren hinsichtlich der Technik zunächst überfordert. Erst mit Modellsimulationen von der RWTH Aachen konnten wir beweisen, dass unser Konzept funktioniert. Und das tut es bis heute.

Fotos: Jörg Hempel, Aachen / Klaus Frahm, Hamburg

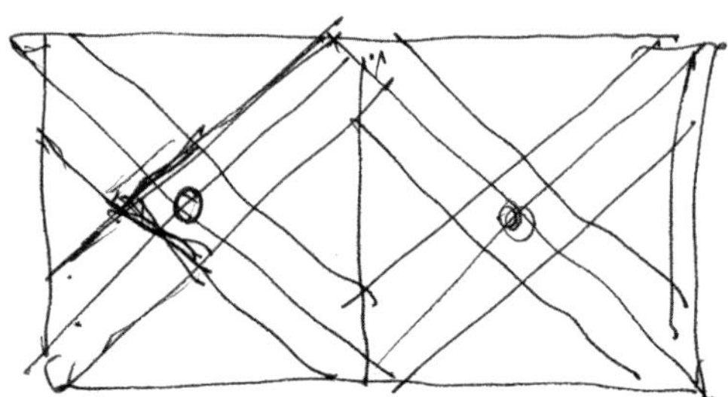

# FERNBAHNHOF FLUGHAFEN
## FRANKFURT AM MAIN, DEUTSCHLAND

BAHNHOFSGEBÄUDE

1995–1999

Ich kann mich noch gut an die Ausstellung erinnern, die das Büro gmp 1996 auf der VI. Architekturbiennale in Venedig zum Thema „Renaissance der Bahnhöfe. Die Stadt im 21. Jahrhundert" gezeigt hat. Es ging um Konzepte, wie die bis dahin oft vernachlässigten Bahnhöfe wieder zu funktionierenden und attraktiven Orten nicht nur des Verkehrs, sondern auch der Begegnung und Kommunikation innerhalb der Städte gemacht werden können. Zur selben Zeit hatte der damalige Bahnchef Heinz Dürr ein junges Team aufgebaut, das sich genau diesem Ziel verschrieben hatte. Damals wurde auch das 3-S-Konzept der Deutschen Bahn entwickelt, das für Service, Sicherheit und Sauberkeit stand. Auch ich war davon fasziniert und nahm mir noch in Venedig vor, einen Bahnhof zu bauen. Bahnhöfe fand ich schon immer interessant, da sie oft wie eine Stadt in der Stadt wirken, von vielen ganz unterschiedlichen Menschen genutzt werden und eine besondere Verbindung von Architektur und Technik aufweisen. Tatsächlich erhielten wir schon bald zwei entsprechende Aufträge, zuerst (1996 bis 2000) den Umbau des in die Jahre gekommenen Hauptbahnhofs in Hannover und fast zeitgleich den Neubau des Fernbahnhofs am Frankfurter Flughafen.

Eigentlich hatte es für Frankfurt schon eine andere Planung gegeben. Nachdem schließlich wir den Zuschlag bekommen hatten, mussten wir sie innerhalb von kürzester Zeit umstellen. Aber Geschwindigkeit war ohnehin die Grundidee unseres Konzepts, das sich auf das Nebeneinander der Verkehrsträger Flugzeug (Airport), Auto (Autobahn) und Zug (Bahnhof) bezieht. Ich hatte das Gefühl, dass sich hier überall etwas mit hohem Tempo bewegt. Und dieses Gefühl sollte das Bauwerk auch ausdrücken. Wer in der Station Frankfurt Flughafen aus dem ICE steigt, sollte in der lichtdurchfluteten Bahnhofshalle den Eindruck gewinnen, sich unter einem gigantischen Fluggerät zu befinden, das jeden Moment abheben könnte. Möglich wurde das durch teleskopartige Stützen. Sie halten das gewaltige Dach, das sich wie ein riesiger Bauch darüber wölbt. Dieses Dach ist über 60 Meter breit und fast 700 Meter lang und bildet mit seiner prägnanten Plattform einschließlich der wie ein UFO geformten Glaskuppel mit 34.000 Quadratmetern Fläche die Basis für Deutschlands größtes Bürogebäude. Es hat sogar eine eigene Postleitzahl.

Innovativ ist auch das thermische Konzept: Unter den Bahnsteigen haben wir 400 Meter lange Behälter gebaut, die mit Wasser gefüllt sind, dessen Temperatur gesteuert werden kann. Die Züge fahren durch einen Warmluftschleier ein und aus, und so kommt weniger kalte Luft in die Halle und entweicht weniger warme Luft daraus. Der Bahnhof wirkt sauber und ist niemals zugig und kalt.

Fotos: Jörg Hempel, Aachen

130

# SWISS RE
## UNTERFÖHRING BEI MÜNCHEN, DEUTSCHLAND

BÜROGEBÄUDE

1998–2001

**Die Deutschlandzentrale der Schweizerischen Rückversicherungs-Gesellschaft, international Swiss Re genannt, befand sich direkt neben dem Englischen Garten in München. Da der von uns realisierte Neubau auf einem wenig reizvollen Gelände im Vorort Unterföhring erfolgen sollte, ging es uns darum, den beliebten Englischen Garten dorthin „mitzunehmen". Deshalb habe ich die gesamte gerüstartig aufgebaute Außenfassade mit wildem Wein und Glyzinien begrünt, die sich mit dem Wechsel der Jahreszeiten verändern. Im Inneren setzt sich das Thema Garten fort, wobei mir der altpersische Garten, der Tschāhār-Bāgh genannt wird, als Vorbild diente. Dieser besteht aus vier Quadraten, die durch Wege oder Wasserläufe voneinander getrennt und zugleich miteinander verbunden sind. Gemeinsam mit der amerikanischen Landschaftsarchitektin Martha Schwartz haben wir für die vier Gärten vier Farben gewählt, nämlich Gelb, Rot, Grün und Blau. Diese Farben, in denen die Gärten erblühen, dienen zugleich der Orientierung im Gebäude. Sie bilden quasi Innenhöfe, über denen die Büros in acht Metern Höhe zu schweben scheinen. Auch in Sachen Nachhaltigkeit war das Projekt seiner Zeit weit voraus, wir haben zum Beispiel damals schon mit Geothermie und speziellem, mit Argongas gefülltem Isolierglas gearbeitet. In der Mitte des Gebäudes befindet sich ein viergeteiltes Wasserbecken, in dem das Gartenmotiv noch einmal aufgenommen wird. Es ist nicht nur ein Hightech-Gebäude, sondern auch eine poetische Architektur – für mich bis heute eines der schönsten Bürogebäude in Deutschland.**

Fotos: Jörg Hempel, Aachen / Myrzig und Jarisch, München

# BERLINER BOGEN
## HAMBURG, DEUTSCHLAND

BÜROGEBÄUDE

1998–2001

Kurz vor der Jahrtausendwende wünschte sich die 1901 gegründete Hamburger Albingia-Versicherungsgesellschaft anlässlich ihres 100-jährigen Bestehens ein neues repräsentatives Haus. Da das dafür vorgesehene Grundstück am Anckelmannsplatz in Hammerbrook schwierig war, entschied ich mich dafür, den Kanal zu überbauen. Ich entwarf also für die DWI ein gläsernes Bürohaus, das das Ende eines kilometerlangen Hochwasserbassins auf einer Länge von 140 Metern überspannt. Das wird durch 36 Meter hohe Stahlbögen erreicht, die sich auf beiden Uferseiten abstützen und die Geschosse halten. Unter dem Glasbogen entwarf ich ein „Haus im Haus" mit einer Bruttogeschossfläche von 43.000 Quadratmetern und Raum für etwa 1.200 Büroarbeitslätze. Das Projekt überzeugte die Verantwortlichen bei der Albingia zwar, doch 1999 wurde das Unternehmen an den Axa-Versicherungskonzern verkauft, der das Gebäude nicht mehr haben wollte. Da uns das Vorhaben nun zu entgleiten drohte, stellte ich es dem mir gut bekannten Immobilien- und Investmentunternehmer Dieter Becken vor, der den Entwurf von der DWI erwerben konnte. Das war ein Glücksfall, denn Becken erkannte das Potenzial und übernahm das Projekt.

Das Bürogebäude ist gleich in mehrfacher Hinsicht innovativ: Quasi im Kellerbereich liegt ein riesiges Mischwasserrückhaltebecken der Hamburger Stadtentwässerung, das bei Starkregen das Überlaufen der Siele verhindern soll. Zwischen der äußeren Glashülle und dem Gebäudekern entsteht ein Mikroklima, das nicht nur eine natürliche Belüftung der Büros ermöglicht, sondern zugleich auch die Heizkosten fast um die Hälfte senkt. Das Innere wird von sechs Wintergärten geprägt, in denen sich die Mitarbeiter erholen können. Die Räume werden aber auch für Ausstellungen und Veranstaltungen genutzt. Ungefähr zeitgleich mit dem Berliner Bogen sind unter anderem auch der Fernbahnhof Frankfurt Flughafen und die Swiss Re in München fertig geworden. Für unser noch recht junges Büro war das eine außerordentlich produktive Phase.

Wenn ich heute die Eiffestraße entlangfahre und den Berliner Bogen sehe, wird es mir warm ums Herz. Auch wer mit der Bahn fährt, kann dieses Gebäude gut sehen, das die sonst wenig charmante Gegend aufwertet und hier wie ein Wahrzeichen wirkt. Mit Blick auf die Nachhaltigkeit war der Berliner Bogen seiner Zeit weit voraus, und ich finde, dass er heute genauso gut aussieht wie am ersten Tag. Die Deutsche Gesellschaft für Nachhaltiges Bauen (DGNB) hat das Gebäude sogar noch nachträglich zertifiziert.

Fotos: Jörg Hempel, Aachen

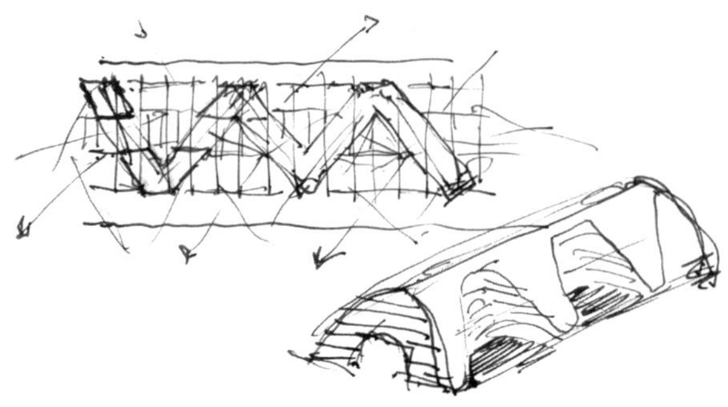

# DEICHTOR-CENTER
## HAMBURG, DEUTSCHLAND

BÜROGEBÄUDE

2000–2002

Das Gebäude bildet das Scharnier zwischen den historischen Quartieren Kontorhausviertel und Speicherstadt auf der einen und der sich dynamisch entwickelnden HafenCity auf der anderen Seite. Es handelt sich um eine moderne Interpretation der klassischen Hamburger Kontorhäuser. Wir haben die schiffsbugartige Ostspitze von Fritz Högers 1922 bis 1924 erbautem Chilehaus sehr direkt in zeitgenössische Architektur „übersetzt". Meine Idee war es, Z-förmige Büroriegel zu schaffen, die gegeneinander gespiegelt sind und in deren Zwischenräumen drei- bis viergeschossige Lufträume entstehen. Auf diese Weise öffnen sich zu allen Seiten der Stadt hin Höfe. Auf den Etagen entstanden Gärten für einen Luftwechsel im Gebäude. Innerhalb einer Stunde wird die Luft siebenmal ausgetauscht, wobei wir nur die natürlichen Bedingungen der Thermik nutzen. Dafür habe ich von den persischen Windturmhäusern, den Badgiren, gelernt, die seit Jahrhunderten sehr wirkungsvoll für eine natürliche Belüftung von Gebäuden sorgen. Wir haben ein Haus-im-Haus-System mit vier Wintergärten geschaffen, was die hier arbeitenden Menschen als sehr angenehm empfinden. Aus klimatischen Gründen und um den Schallschutz zu gewährleisten, ist der gesamte Komplex von einer Glashülle umgeben. Um zu beweisen, dass dieses außergewöhnliche Konzept gut funktioniert und alltagstauglich ist, bin ich im Jahr 2002 mit meinem eigenen Büro eingezogen, auf immerhin 4.000 Quadratmetern Fläche.

Fotos: Jörg Hempel, Aachen
Luftbild: Matthias Friedel, Hamburg

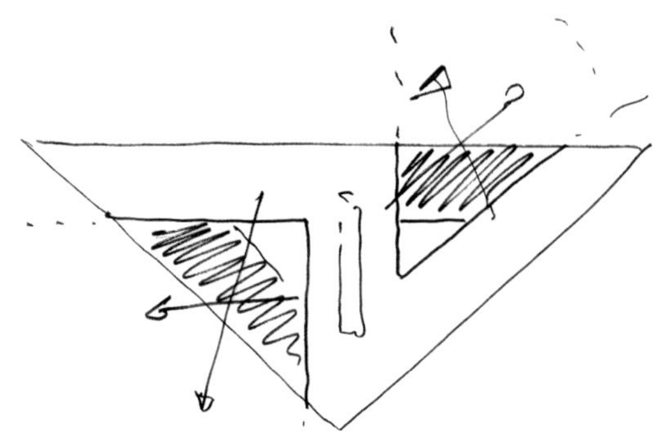

# SILVER CHAIR
## INTERSTUHL

BÜROSTUHL- UND BÜROMÖBELSERIE
2004

Vor etwa 20 Jahren begann bei Bürostühlen die Ergonomie eine immer größere Rolle zu spielen. Dabei entstanden Stühle, die so ergonomisch aussehen, als würde man sie von der Krankenkasse verschrieben bekommen. Daneben gab es sehr elegante, aber nicht nach ergonomischen Gesichtspunkten gestaltete Stühle wie den Eames Alu Chair von Vitra, den wir bei unseren Projekten oft eingesetzt haben. Daher hielten wir es für reizvoll, einen neuartigen Stuhl zu entwerfen, der das Beste aus beiden Welten vereinigt, der also sowohl ergonomisch als auch elegant ist. Die Grundidee besteht in der Verbindung einer harten Schale mit einem weichen Kern. Dieses Prinzip kommt auch in der Natur vor, etwa bei Muscheln oder Schildkröten: Das harte Äußere bietet Schutz und das weiche Innere Bequemlichkeit und Geborgenheit.

Schon viele Jahre bevor ich mich mit diesem Stuhl zu beschäftigen begann, hatte ich als Konzeptstudie ein futuristisches Möbelstück entworfen, das alle Anforderungen an einen modernen Büroarbeitsplatz in sich vereinigte. Dieser nie realisierte Entwurf war der Ausgangspunkt unserer Gespräche mit der Firma Interstuhl, in denen wir übereinkamen, einen Bürostuhl daraus zu entwickeln. Dabei spielten zwei Dinge eine Rolle, einerseits die technischen Anforderungen und zum anderen das Emotionale, das sich in dem Produkt ausdrücken soll. Die Kombination daraus war der Silver Chair. Das klingt simpel, ist es aber nicht. Unter Insidern heißt es: Die schwerste Aufgabe für einen Architekten ist der Entwurf eines Stuhles. Der Silver Chair ist technisch komplex, wirkt aber nicht technisch, sondern poetisch und ermöglicht ein perfektes Sitzen. Bei der Entwicklung des Silver Chair ergaben sich insgesamt sieben Patente. Seither hat der Stuhl einen Siegeszug durch die ganze Welt angetreten, bis in Fernsehstudios und nach Hollywood. Es gibt sogar eine Luxus-Variante in Gold, von der unter anderen Mick Jagger ein Exemplar besitzt. Und auch bei James Bond finden sich im Hauptquartier des MI6 die markanten Silver Chairs.

Fotos: Interstuhl

# DOCKLAND

## HAMBURG, DEUTSCHLAND

BÜROGEBÄUDE

1998–2006

Hier spielt der Genius Loci, also der Charakter und die Atmosphäre des Ortes, eine besonders wichtig Rolle. Der Immobilienunternehmer Christian Völkers kam auf mich zu, gemeinsam machten wir dann ein Grundstück ausfindig, wofür ich den Entwurf entwickelt habe. Dieser Entwurf wurde an Bob Leyba für die Vogel AG verkauft. Der Bauplatz liegt direkt im Hafen, zu dem Schiffe, Kräne, Werften und Speichergebäude gehören. In diesem Umfeld sollte ein neues Bürogebäude nicht als störende Zutat empfunden werden, sondern als organischer Bestandteil. Deshalb haben wir am Kopf des Edgar-Engelhard-Kais zwischen Norderelbe und Fischereihafen ein Haus wie ein Schiff gebaut. Der 40 Meter frei vorkragende „Bug" bezieht sich auf das benachbarte Fährterminal, das jetzige Kreuzfahrtterminal. Dieses wirkt wie das dazugehörige „Heck". Zunächst gab es Befürchtungen, dass damit der Blick auf das Fährterminal verstellt sein könnte. In Wahrheit ergibt sich mit dem Dockland ein viel besserer Blick nicht nur auf das Terminal, sondern auch auf Elbe, Hafen und Stadt. Und vor allem bieten die Freitreppe und das Dach einen Panoramablick, der rund um die Uhr für jedermann zugänglich ist. Man könnte sagen, dass wir das Bürohaus mit einer Piazza kombiniert haben. Der Bauherr war zunächst erstaunt, dass er ein Gebäude bekommen sollte, dem jeder Tourist aufs Dach steigen darf. Aber wir konnten ihn überzeugen, und es hat sich in jeder Hinsicht gelohnt: Die Mitarbeiter fühlen sich auf der rund 9.000 Quadratmeter großen Bürofläche wohl, und für die Stadt und ihre Besucher ist das Dockland zu einem vielbesuchten Ort geworden, der fast schon als Wahrzeichen gelten kann. Inzwischen ist die von mir zunächst nur als Arbeitstitel gewählte Bezeichnung Dockland sogar zum offiziellen Namen einer Station der Hafenfähre geworden.

Fotos: Jörg Hempel, Aachen

HAMBURG, DEUTSCHLAND

# SESSEL T-RAY
## WALTER KNOLL
2010

Auf einer Möbelmesse kam ich mit Markus Benz ins Gespräch, dessen Unternehmen Rolf Benz 1993 die renommierte Möbelfirma Walter Knoll übernommen hatte. Benz hatte schon früher die Entwürfe namhafter Architekten umgesetzt. Nun schwebte ihm ein Sessel wvor, der bequem sein und leicht wirken sollte, eine Art Lounge-Möbel. Diese Leichtigkeit erreicht der Sessel T-Ray durch seine klare und rationale Form, die durch das Volumen von Sitzfläche und Rückenlehne in organischer Verbindung mit den schmalen, geometrisch gefalteten Seitenwangen geprägt ist. Ich freue mich immer, wenn ich irgendwo auf der Welt einen Raum betrete und dort den Sessel T-Ray vorfinde. Für mich ist das fast so, als würde ich einen Familienangehörigen treffen. Als der G-20-Gipfel 2017 in Hamburg stattfand, nahmen auch die angereisten Staatschefs auf T-Ray-Sesseln Platz.

Foto: Walter Knoll

# MANSCHETTENKNÖPFE
## MONTBLANC

2010

Als ich mich mit dem Auftrag für die Manschettenknöpfe zu beschäftigen begann, habe ich mir zunächst die Marken-Charakteristika von Montblanc vor Augen geführt. Ich kannte diese weltberühmte Hamburger Firma mit französischem Namen nur als Hersteller von Schreibgeräten, erfuhr nun aber, dass sie gerade dabei war, ihre Produktpalette auch auf Armbanduhren, Schmuck und Lederwaren auszudehnen. Dennoch blieb der Montblanc-Federhalter für mich der Ausgangspunkt bei der Entwicklung der Form für die Manschettenknöpfe. Ich gestaltete einen Edelstahlsteg, der sich nach dem Durchstecken durch den Schlitz in der Manschette rechtwinklig umklappen lässt. Natürlich habe ich den Stern, der auf dem Kappenkopf jedes Schreibgeräts zu finden ist, in die Manschettenknöpfe eingearbeitet. Das berühmte Logo und die auf den ersten Blick sichtbare Wertigkeit des Produkts machen die Marke Montblanc sofort erkennbar.

Fotos: Roger Mandt, Berlin / Montblanc

MONTBLANC
MONTBLANC

# KRANHÄUSER
## KÖLN, DEUTSCHLAND

BÜRO- UND WOHNGEBÄUDE

1991–2010

Dieses Projekt hat eine sehr lange Vorgeschichte: 1991 wurden mir und dem Trierer Büro Alfons Linster in einem groß angelegten internationalen Architektenwettbewerb zwei Erste Preise zugesprochen. Mein Entwurf sah vor, die Halbinsel mit drei Kranhäusern zu bebauen. Dann geschah erst einmal viele Jahre lang nichts. Das Projekt lag auf Eis und wäre – so jedenfalls stellte es sich der neue Kölner Baudirektor vor – beinahe beerdigt worden. Doch nach einem entsprechenden Bericht im „Kölner Stadtanzeiger" wachte die Öffentlichkeit auf, und viele Kölner forderten die Realisierung der Kranhäuser. Der Druck wurde so groß, dass die Politik schließlich einlenkte und unser Projekt realisiert werden konnte.

Wer sich ein bisschen in der Architekturgeschichte auskennt, der fühlt sich beim Anblick der drei Kranhäuser an die legendären Entwürfe der Moskauer „Wolkenbügel" des sowjetischen Künstlers El Lissitzky aus dem Jahr 1924 erinnert. Doch während der Visionär aus Moskau letztlich keine Chance erhielt, konnte ich mein Projekt mit BRT verwirklichen. Die Idee bestand darin, die im Hafen gelegene Rheinauhalbinsel der Stadt zurückzugeben und Bauwerke zu schaffen, die für Büros, Kultur und für Wohnzwecke nutzbar sind. Gestalterisch orientierten wir uns an der Hafengeschichte und stellten drei 30 Meter breite, 16- bis 20-geschossige bogenförmige Hochhäuser auf die Insel, die damit ein Rückgrat erhielt. Die skulpturale, an Kräne erinnernde Form der Baukörper stellt den Bezug zur Hafenarbeit her, bildet aber in ihrer Modernität zugleich ein Signal des Aufbruchs. Die Verbindung zur südlichen Altstadt wird durch drei Straßen geschaffen, die auf die Rheinauhalbinsel zuführen. Realisiert wurden die drei Gebäude von 2006 bis 2010. Die Kranhäuser sind nicht nur wichtige Landmarken am Rheinufer, sondern zugleich Wahrzeichen der Stadt. Während die romanischen Kirchen und der Dom Monumente der Geschichte sind, weisen die Kranhäuser in die Zukunft. Wie populär und volkstümlich sie in Köln inzwischen sind, zeigt sich nicht zuletzt im Karneval, wenn sie scherzhaft mit dem „Kölner Dreigestirn" verglichen werden.

Architekt: BRT Architekten BDA Bothe, Richter, Teherani auf Grundlage der Entwürfe des Workshops der ARGE 1. Preisträger Rheinauhafen Köln: „Bothe Richter Teherani, Busmann und Haberer, Linster, Schneider-Wessling und Abbing" vom April 1993

Fotos: Jörg Hempel, Aachen

15

# ZAYED UNIVERSITY
## ABU DHABI, VEREINIGTE ARABISCHE EMIRATE
UNIVERSITÄTSGEBÄUDE

2009–2011

2009 war ich mehrere Monate in Abu Dhabi, um Projekte zu akquirieren. Ich suchte daher eine Gesprächsmöglichkeit mit Scheich Nahyan bin Mubarak Al Nahyan, dem damaligen Kulturminister der Vereinigten Arabischen Emirate. Als er schließlich Zeit für mich fand und ich ihm meine Ideen vorstellen konnte, zeigt ich ihm einen ziemlich futuristischen Entwurf. Er schmunzelte und sagte: „Sie sehen wahrscheinlich zu viele Science-Fiction-Filme und träumen zu oft." Darauf antwortete ich: „Aber meine Träume werden wahr." Da er das offenbar sympathisch fand, sprachen wir über verschiedene Projekte, die ich aber aus unterschiedlichen Gründen nicht realisieren wollte. Ein paar Monate später rief er mich in Hamburg an und fragte, ob ich Lust hätte, in Abu Dhabi eine Universität zu bauen. Das war ein bisschen problematisch, weil es zuvor schon einen anderen Entwurf gegeben hatte, der kurz vor der Ausführung stand, dann aber vom Scheich abgelehnt worden war. Ich legte einen Entwurf vor, der von den fließenden Linien der Wüste inspiriert war. Die dünenartigen Formen der dynamischen Dachlandschaft spendeten zugleich Schatten und schufen ein integrales Gebilde, dessen Seitengestaltung sich auf die kalligraphischen Muster der arabischen Schrift bezog. Innerhalb von nur 26 Monaten wurden die 250.000 Quadratmeter realisiert. Das war eine enorme Herausforderung, zumal es zwangsläufig eine baubegleitende Planung gab, was immer wieder zu Überraschungen führte. Außerdem musste der Einsatz von 7.500 Arbeitern koordiniert werden. Unter deutschen Rahmenbedingungen wäre so etwas gar nicht denkbar gewesen, aber hier ist es uns gelungen, sowohl den Zeit- als auch den Kostenrahmen einzuhalten.

Fotos: Jörg Hempel, Aachen
Luftbild: BUT.digital, VAE

# KAMRAN STREET NO. 4
## TEHERAN, IRAN

WOHNGEBÄUDE

2011-2018

Für mich war dieses Apartmenthaus mit 18 Wohneinheiten eine neue Erfahrung, da es unser erstes Wohnhausprojekt in Teheran ist. Akquiriert haben wir das Projekt noch von Hamburg aus. Bei den Investoren handelt es sich um ein junges Ehepaar mit weiteren Partnern – sehr wohlhabende, international tätige Geschäftsleute. Das neungeschossige Haus steht im Norden von Teheran im eleganten Fereshteh-Viertel. Die markanten mobilen Screens aus Metallgewebe an den Fassaden interpretieren die traditionellen Ornamente modern und dienen der individuellen Trennung zwischen Privatheit und Öffentlichkeit. Die Eigentumswohnungen sind größer als bei vergleichbaren Projekten in Deutschland, ihre Größe liegt zwischen 250 und 550 Quadratmetern. Inzwischen bauen wir in Teheran sogar Wohnungen mit noch deutlich größeren Flächen von bis zu 1.800 Quadratmetern. Schon seit einigen Jahren boomt dieses Luxussegment in der iranischen Metropole. Die Bauherren sind anspruchsvoll und erwarten ein hohes Maß an architektonischer Kreativität und Originalität. Die Kosten spielen dabei eine untergeordnete Rolle. So verfügt dieses Wohnhaus an der Kamran Street über eine großzügige Lobby, einen 24 Meter langen Swimmingpool, eine Sauna, einen Fitnessraum, ein privates Kino, 50 Parkplätze und eine Wagenwaschanlage. Sowohl die äußere Architektur als auch das hochwertige Innendesign aus Naturstein sind nicht pompös, sondern sachlich und minimalistisch. Eigentlich ist es pures Bauhaus, also genau das, wofür mein Herz schlägt. Ich war erstaunt, dass ich die Bauherren dazu nicht überreden musste, sondern dass diese Linie ganz ihren eigenen Vorstellungen entspricht. Interessant fand ich auch, welchen großen Wert die Auftraggeber auf ein perfektes Finish legen, es wird beste Verarbeitungsqualität bis ins kleinste Detail erwartet. Dieses erste Wohngebäude hat uns in Teheran bei der entsprechenden Klientel bekannt gemacht und dazu beigetragen, dass wir in den folgenden Jahren zahlreiche ähnliche und oft noch größere Wohnprojekte realisieren konnten.

Fotos: Parham Taghioff, Teheran

# TANZENDE TÜRME
## HAMBURG, DEUTSCHLAND

BÜROGEBÄUDE, RESTAURANT, MUSIKCLUB, BAR, HOTEL

2003–2012

Als das 89 Meter hohe Iduna-Hochhaus am Millerntor im Jahr 1995 gesprengt wurde, verlor die Reeperbahn ihr architektonisches Entree. Diese „Leerstelle" hatte ich im Hinterkopf, als ich rund ein Jahrzehnt später die Möglichkeit erhielt, auf der gegenüberliegenden Straßenseite ein Hochhaus zu bauen. Hier, an der Nahtstelle zwischen der Hamburger Innenstadt und St. Pauli, wollte ich ein Bauwerk schaffen, das den besonderen Spirit des weltberühmten Vergnügungsviertels auf eigene Weise aufgreift und zum Ausdruck bringt. Es wurden zwei skulpturale Türme, die sich zu bewegen, ja zu tanzen scheinen und damit die Lebendigkeit von St. Pauli widerspiegeln. Ich habe die Tanzenden Türme mal mit X-Beinen verglichen. Wichtig ist mir die städtebauliche Wirkung der Türme, die aus jeder Perspektive anders aussehen und so tatsächlich in Bewegung zu sein scheinen. Aber wie immer ging es mir nicht nur um die Form, sondern auch darum, dass das Gebäude gut nutzbar ist und sich in seiner Funktion täglich bewährt. Das Kellerareal gestalteten wir so, dass hier mit dem Mojo Club einer der wichtigsten Musikclubs von St. Pauli einziehen konnte. Darüber befinden sich Büroflächen, und die 23. und 24. Etage beherbergen auf 98 und 107 Metern über dem Elbniveau „Clouds", Hamburgs höchstgelegenes Restaurant, mit Bar und Dachterrasse. Auch technisch waren Herausforderungen zu bewältigen, vor allem bei der Fassade, die sich bis zu drei Meter aus der Vertikalen neigt und 16 verschiedene Neigungssituationen aufweist. Aufgrund des Standorts musste das Belüftungssystem mit einer orkanfesten Prallscheibe versehen werden. Inzwischen bilden die Tanzenden Türme das neue Entree der Reeperbahn und sind damit zu einem wichtigen Wahrzeichen von St. Pauli geworden, an dem sich Einheimische wie Touristen orientieren.

Fotos: Tom Philippi, Stuttgart

ARCOTEL ONYX

# NISTHAUS BAYA

## GARPA

2009

Dieses Nisthaus ist die kleinste Immobilie, die ich je gebaut habe. Als die Firma Garpa mich fragte, ob ich eine ungewöhnliche Brutstätte für kleine Gartenvögel gestalten könnte, hatte ich sofort die bauchigen Nester der afrikanischen Webervögel vor Augen. Daraus habe ich ein spindelförmiges Objekt aus Plantagenholz entwickelt, das aus vier verschraubten Elementen besteht. Direkt vor dem Einflugloch ist ein kleiner Steg aus Edelstahl angebracht. Das Nisthaus Baya kann man wie eine Lanze in den Boden stecken und frei im Garten oder auf der Terrasse aufstellen. Als ich den Prototyp präsentierte, waren die Leute von Garpa einerseits angetan, andererseits skeptisch. Man sagte mir: „Bevor wir das Objekt produzieren, machen wir einen Zielgruppentest. Wir stellen das Nisthaus in den Garten, und nur wenn innerhalb eines Dreivierteljahres ein Vogel dort sein Zuhause gefunden hat, produzieren wir es." Schon nach drei Wochen teilte mir unser Seniordesigner Sören Jungclaus mit, dass eine Meise Baya zum Nest auserkoren hatte. Damit gab es grünes Licht für die Produktion des bald sehr beliebten Nisthauses.

Fotos: Garpa

ADI TEHERAN
FOR GARPA

# REETDACHHAUS

## HÖRNUM AUF SYLT, DEUTSCHLAND

FERIENHAUS

2012–2022

Kann man auf Sylt modern bauen? In der Vergangenheit wurde diese Frage meistens verneint, denn die Insel wird von traditionellen Häusern geprägt. Was wäre aber, habe ich mich gefragt, wenn man ein traditionelles Baumaterial wie Reet modern interpretiert? Als ich den Auftrag eines privaten Bauherrn erhielt, in Hörnum ein modernes Ferienhaus zu bauen, hatte ich mich an den Größenverhältnissen der Nachbarhäuser in der Kersig-Siedlung zu orientieren, die alle ungefähr die Grundfläche von 10 mal 10 Metern haben und aus Souterrain, Erdgeschoss und Reetdach bestehen.

Meine Idee war es, das Reet nicht nur fürs Dach, sondern auch für die Vertikalen zu verwenden. Eigentlich besteht das quadratische Haus nur aus vier hochgezogenen Glasfronten mit ineinander übergehenden Wand- und Dachflächen aus Reet. Anders als bei den traditionellen Sprossenfenstern der Nachbarhäuser bringen die großen Glasflächen der Erker nicht nur viel Licht ins Innere, sondern holen auch die Landschaft mit hinein. Zwei der gläsernen Vorbauten bilden im Dachbereich Gauben, die beiden anderen folgen der Dachneigung, was innen einen Ausblick auf die Dünenlandschaft und das Meer eröffnet. Das Haus selbst hat eine ganz simple Form. Es erinnert beinahe an „Das Haus vom Nikolaus“, setzt aber einen unübersehbar modernen Akzent. Natürlich hat das die Gemüter am Anfang etwas erhitzt, es gab jedoch auch viele Stimmen, die froh darüber waren, dass hier eine Architektur entstanden ist, die sich vom Umfeld unterscheidet und dennoch nicht als Fremdkörper wirkt.

Fotos: Klaus Frahm, Hamburg

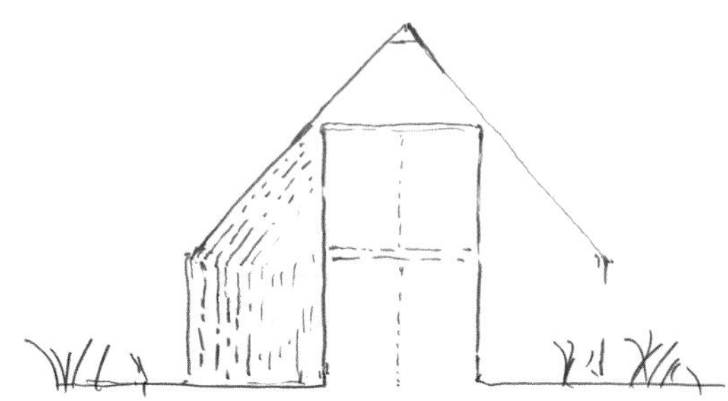

# BESCHLAGSERIE 270
## HEWI
2022

Berühmt geworden ist die Firma HEWI in den 1970er-Jahren durch ihre Türdrücker aus Kunststoff in leuchtenden Farben. Mit der Minirosette hatte HEWI eine echte Innovation auf den Markt gebracht. Beim Entwurf eines proportional passenden Drückers ging es uns darum, diese Linie aufzugreifen, aber in ein anderes Material, nämlich Edelstahl, und in eine zeitgemäße Form zu übersetzen. Wer den Türdrücker kennt, den Walter Gropius 1922 gestaltet hat, wird die Verwandtschaft mit dem Bauhausdesign erkennen. Man könnte von einer Weiterführung der Moderne sprechen, die auf das Wesentliche reduziert ist und ebenso elegant wie zeitlos wirkt. Dabei bin ich nicht vom Design ausgegangen, sondern wie immer von der Funktionalität, der ich eine Form gegeben habe. Die Formensprache ist geometrisch und ausbalanciert. Zwischen dem abgerundeten Griff und dem Drückeransatz liegt eine schmale Fuge, und die Rosette ist bewusst klein gehalten. Natürlich ist die Türklinke ergonomisch, sie liegt gut in der Hand.

Fotos: Hewi

# ATMOSPHERE BY KRALLERHOF
## LEOGANG, ÖSTERREICH

SPA- UND WELLNESSANLAGE
2019-2023

Der Auftrag erschien zunächst simpel: Ein traditionsreiches 5-Sterne-Hotel im Salzburger Land wünscht sich eine neue Spa-Anlage. Das eigentliche Hotelgebäude ist in alpenländischer Tradition errichtet, in großartiger landschaftlicher Umgebung. Doch es ging von Anfang an um viel mehr als um einen Anbau: Mit dem neuen Spa wollten wir ein außergewöhnliches architektonisches Zeichen setzen, das sich jedoch in die Natur einfügt und Teil von ihr wird. Dafür war ein ziemlich großer Aufwand nötig. Da eine ansteigende Wiese den Blick versperrte, ließen wir den Hang abtragen und an seiner Stelle einen künstlichen Badesee von 5.500 Quadratmetern anlegen, der einen 50 Meter langen Infinity-Pool umgibt. Im Pool ist das Wasser auch im Winter temperiert. Wenn der See vereist ist, dampft das Schwimmbad und verleiht dem Ganzen eine magische Atmosphäre, die natürlich auch durch das atemberaubende Gebirgspanorama geprägt wird. Nicht zufällig trägt das neue Spa den Namen ATMOSPHERE. Das Spa-Gebäude begleitet den See, nimmt die Schwünge der Alpenlandschaft auf und integriert sich mit seinem begrünten Dach behutsam in die Landschaft. Im Inneren befinden sich mehrere Saunen, Ruheräume, ein Yoga-Raum, eine Snack-Bar und im Herzen der Saunalandschaft der Thermalpool „Blaue Grotte“. In die Glasfront des Spa-Gebäudes ist ein 22 Meter breites Element integriert, das im Boden versenkt werden kann. Dadurch wird die Grenze von Innen- und Außenraum aufgehoben. Die Verbindung zum Hotel wird durch einen unterirdischen Gang hergestellt.

Für den innerhalb von nur 13 Monaten realisierten Bau, bei dem Linden-, Eschen- und Eichenholz, Alpenmarmor, Glas und Sichtbeton zum Einsatz kamen, wurden Holzlamellen mit einer Gesamtlänge von 35 Kilometern verbaut. Alle am Bau beteiligten Firmen kamen aus dem Umkreis von 50 Kilometern. Zwischen Hotel und Spa ist nun ein reizvoller Kontrast entstanden, auf der einen Seite alpenländische Tradition, auf der anderen eine beinahe zenbuddhistisch anmutende Moderne.

Fotos: HG Esch, Hennef

# CONTEMPORARY PERSIA
## TEXTILKOLLEKTION MIT CHRISTIAN FISCHBACHER
2022

Vor einiger Zeit lernte ich Camilla Fischbacher kennen, die Ehefrau des Textilunternehmers Christian Fischbacher, die als Creative Director das Designstudio des traditionsreichen gleichnamigen Schweizer Unternehmens leitet. Als wir feststellten, dass auch sie im Iran geboren wurde und persische Wurzeln hat, entstand die Idee zu einer gemeinsamen Textilkollektion, die wir Contemporary Persia nannten. Dabei ging es uns darum, den großen landschaftlichen und kulturellen Reichtum Irans in elegante und raffinierte Dessins zu übertragen und zugleich durch feine und grobe Strukturen sinnlich erlebbar zu machen. Zu Beginn stand eine umfangreiche Recherche, bei der wir uns intensiv mit der jahrtausendealten persischen Kulturgeschichte sowie mit den vielfältigen und kontrastreichen Landschaftsbildern Irans beschäftigten. So flossen zum Beispiel die geometrischen Oberflächenstrukturen uralter Backsteinbauten, die expressive Kalligrafie der persischen Schrift, die fast unwirkliche Farbigkeit des Aladagh-Gebirges im Nordosten Irans, aber auch Anregungen aus der aktuellen jungen Kunst- und Kulturszene in die Gestaltung einer Textilkollektion ein, die Bezugs- und Vorhangstoffe ebenso wie Teppiche umfasst und für die Gestaltung kompletter Räume gedacht ist. Über unser gemeinsames Projekt sagte Camilla Fischbacher: „The Contemporary Persia Collection ist für Hadi und mich eine Herzensangelegenheit von ganz eigener Kraft geworden: Kulturelle Wurzeln stecken in dir, sie sind oft diffus und kaum greifbar. Jemanden zu finden, der diese Sprache ohne Worte versteht, ist etwas Besonderes."

Fotos: Christian Fischbacher
Fotograf Collagen: Jonas von der Hude

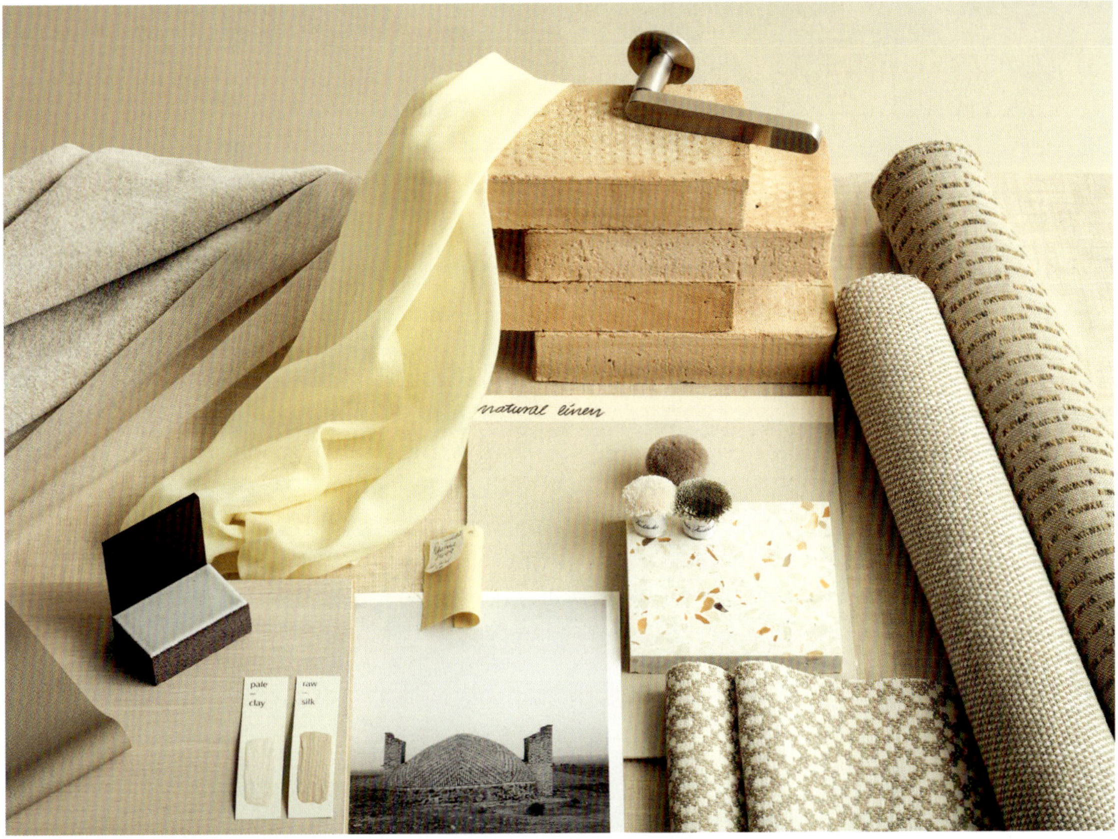
natural linen
pale
clay
raw
silk

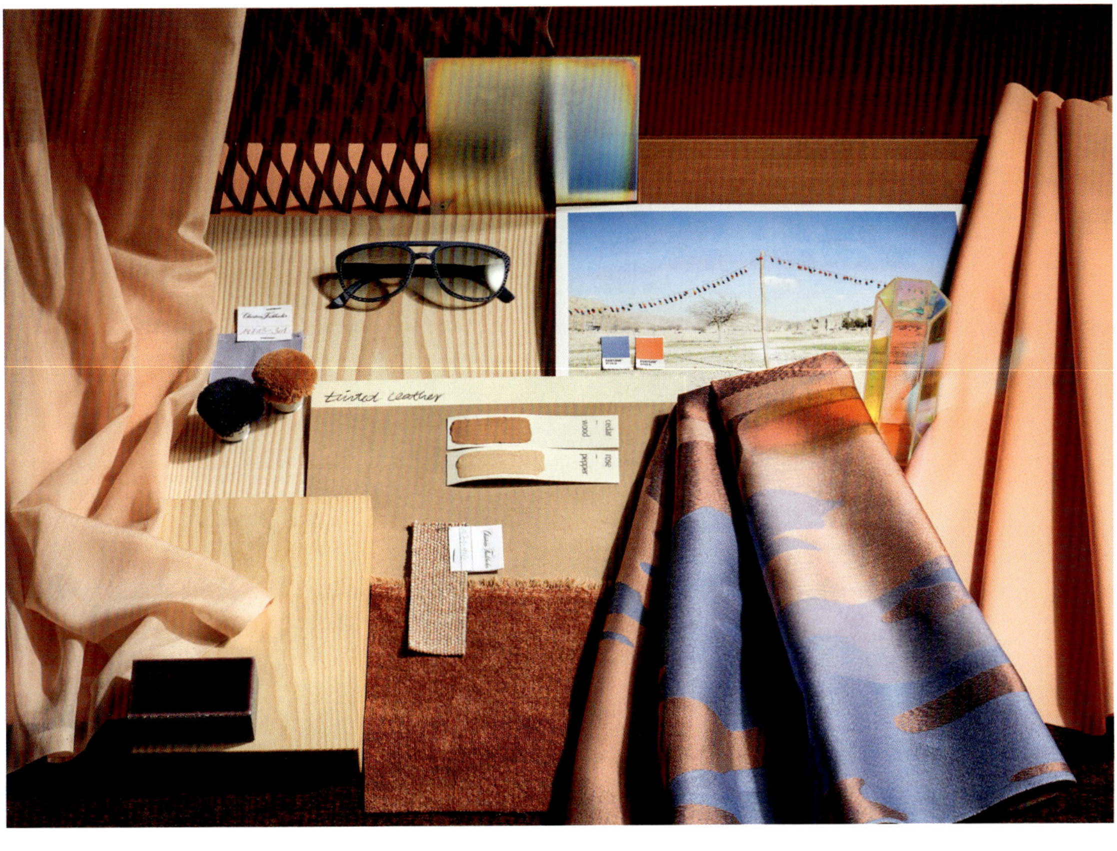
tinted leather
cedar
wood
rose
pepper

## W3D – 3D GEDRUCKTER AKTIVHOCKER
### WAGNER LIVING
2022

Im Gespräch mit dem Unternehmer Peter Wagner wurde mir bewusst, wie wichtig die Bewegung beim Sitzen ist. Meine Aufgabe war es, einen neuartigen Hocker zu entwerfen, der alle ergonomischen Anforderungen erfüllt und an dessen Design die Innovation der Technik und des Produktdesigns sichtbar wird. Nachdem wir schon einmal eine Brille mit dem 3-D-Drucker produziert hatten, wollte ich die innovative Technik nun auch bei diesem Möbelstück anwenden. Die Vision: Statt Möbel über große Distanzen zu transportieren, könnten wir sie künftig mit dem Drucker direkt beim Kunden herstellen. Als Material wählten wir Biokunststoff aus Mais, Zuckerrohr und Zuckerrübe. Diese zu 100 Prozent nachwachsenden Rohstoffe sind biologisch abbaubar und ökologisch unbedenklich. Der 3-D-Druck eröffnet zwar völlig neue gestalterische Möglichkeiten, erfordert aber zugleich eine extrem genaue Berechnung der Flächen. Ausgehend von dem mathematischen Prinzip der Minimalfläche für die Outline sind dann für die Statik die prägnanten plisseeartigen Rippen dazugekommen. Durch die abgerundeten Fuß- und Sitzflächen, die sich auch austauschen lassen, bleibt man beim Sitzen in Bewegung, und die Rückenmuskulatur wird gestärkt. Diese neuartige Technologie erinnert mich an die gebogenen Rohre im Bauhausdesign der 1920er-Jahre, die damals völlig neu für Sitzmöbel waren und die ersten Freischwinger ermöglicht haben.

Fotos: Wagner Living

# EPILOG

**KEIN HANSEATISCHER REEDER** würde wohl einen orangen Anzug tragen, ich schon. Dabei bin ich kein Provokateur und möchte niemandem auf die Füße treten, auch wenn ich mitunter amüsiert feststelle, dass ich mit meinem Outfit manche Menschen überrasche oder gar irritiere. Ich kann auch hanseatisch seriös wirken, überschreite aber gern die Grenzen des Üblichen. Es geht mir gar nicht darum, anderen zu zeigen, dass ich mutig bin und mich wenig um Kleidungskonventionen schere, denn es kommt aus meinem Inneren. Ebenso wie ich Häuser baue, baue ich auch meine visuelle Erscheinung. Man hat mir längst zugestanden, aus der Norm auszubrechen.

Das Gesehenwerden hat für mich schon immer eine Rolle gespielt. Mir war es nie egal, wie ich aussehe und wahrgenommen werde. Daher habe ich immer auf die für mich passende Kleidung und auf passendes Benehmen geachtet und dabei versucht, neue Dinge zu erfinden und sie weiter zu verbessern. Ich habe mich stets gefragt: Wer bin ich, wo stehe ich und wie werde ich in meinem Umfeld wahrgenommen? Das war auch ein Grund dafür, dass ich oft schon nach wenigen Jahren mit meiner Firma die schönsten Büros wieder verlassen habe, um noch schönere zu beziehen, auch wenn ich damit manchmal an meine finanziellen Grenzen gestoßen bin.

Zugleich wollte ich immer ein Mensch sein, der wenig redet, aber viel tut. Das hat mich vorangebracht und mir geholfen, mich auf meine eigenen Möglichkeiten zu fokussieren. Ich habe mich nicht verglichen und wenig darauf geachtet, was andere tun, mehr darauf, was ich selbst tun kann. Nur so kann ich zu 100 Prozent authentisch sein. Ich wollte nie wie andere sein, sondern mich aus meinen eigenen Möglichkeiten, meinem eigenen Empfinden, meinem eigenen Denken heraus entwickeln und alles auf meine Art tun.

Schon als Student habe ich gesagt: „Der Entwurf ist schon da. Du musst ihn nur noch erkennen." Das gilt für meine berufliche Entwicklung und auch für mein Leben, in dem ich gelernt habe, mich selbst und meine Möglichkeiten zu erkennen und sie dann zu realisieren.

Wenn ich jetzt als Siebzigjähriger zurückblicke, bin ich mit meinem Leben zufrieden, weil ich viel mehr erreicht habe, als eigentlich zu erwarten gewesen wäre. Das ist wie bei einem Auto, das für eine Höchstgeschwindigkeit von 150 Stundenkilometern ausgelegt war, dann aber doch 200 erreicht hat. Selbst im Moment der größten Erfolge habe ich die Bodenhaftung nie verloren, bin nie in einen Höhenrausch geraten.

Für zwei Dinge bin ich besonders dankbar: für meine Begabung und für das mir zugeteilte Schicksal – *Gesmat*, wie es im Persischen heißt. Das Schicksal hat es immer gut mit mir gemeint. Sicher kann man sagen, dass ich ein Glückskind des Lebens bin. Wahr ist aber auch, dass ich nie auf mein Glück gewartet, sondern es provoziert, aktiv befördert und dafür gearbeitet habe.

# VERZEICHNIS

ausgewählter realisierter Projekte aus den Bereichen Architektur, Interior und Design

SEFI

**Villa Falkenstein**
2021–2026 | Architektur, Interior
Wohnhaus
Hamburg, Deutschland

**The BOW**
2022–2025 | Architektur
Bürogebäude
Freiburg, Deutschland
5.932 qm

**Loop Villa**
2021–2025 | Architektur
Wohnhaus
Teheran, Iran
1.000 qm

**Am Albertussee**
2019–2025 | Architektur
Wohnhäuser
Düsseldorf, Deutschland
18.000 qm

**NeckarPark Quartier 6.1**
2017–2025 | Architektur
Wohnungsbau, KiTa und Gewerbe
Stuttgart, Deutschland
12.400 qm

**International Trade Fairs Yazd, Iran**
2022–2024 | Architektur
Veranstaltungszentrum
Yazd, Iran
21.000 qm

**Wuxi Sales Center**
2023–2024 | Architektur, Interior
Sales Center
Wuxi, China
3.300 qm

**Privathaus Ludwigsburg**
2021–2024 | Architektur, Interior
Wohnhaus
Ludwigsburg, Deutschland

**Golestan Villa Lavasan**
2023–2024 | Architektur
Wohnhaus
Teheran, Iran
720 qm

**ZEN Garden Felestin**
2020–2024 | Architektur
Wohnhaus
Teheran, Iran
5.504 qm

**Stadtquartier Neckarbogen**
2021–2024 | Architektur
Wohnungsbau
Heilbronn, Deutschland

**Roshan Villa Retreat**
2018–2024 | Architektur, Interior
Geschlossene Wohnanlage mit 38 Villen und gemeinschaftlich genutzten Flächen
Safa Dasht Karaj, Iran
70.000 qm

**Innovationsbogen**
2019–2024 | Architektur
Bürogebäude
Augsburg, Deutschland
14.800 qm

**Deutschlandhaus Hamburg**
2017–2024 | Architektur
Büro- und Geschäftshaus sowie Wohngebäude
Hamburg, Deutschland
41.500 qm

**The Gap**
2014–2024 | Architektur
Büro- und Geschäftsgebäude
Teheran, Iran
25.000 qm

**Bellevue**
2023 | Interior
Wohnen
Hamburg, Deutschland
400 qm

**TRISOR Düsseldorf**
2022–2023 | Interior
Wertschließfachanbieter
TRISOR GmbH
Düsseldorf, Deutschland

**ATMOSPHERE by Krallerhof**
2019–2023 | Architektur, Interior
Spa- und Wellnessanlage
Leogang, Österreich
3.700 qm
→ **S. 210**

**Upper West Berlin**
2019–2023 | Interior
Wohnen
Berlin, Deutschland
850 qm

**Villa Goel**
2019–2023 | Architektur
Wohngebäude
Bangalore, Indien
2.600 qm

**No. 23 Parsa Residence**
2020–2023 | Architektur
Wohnen
Teheran, Iran
9.153 qm

**Spin Tower**
2017–2023 | Architektur
Hotel- und Bürohochhaus
Frankfurt am Main, Deutschland
36.400 qm

**Hafenpark Quartier**
2016–2023 | Architektur, Interior
Hotel- und Wohngebäude
Frankfurt am Main, Deutschland
35.000 qm

**Strandkai FIFTYNINE**
2014–2023 | Architektur
Wohngebäude
Hamburg-HafenCity, Deutschland
10.400 qm

**AXOR Bathroom Concept – DISTINCTIVE**
2022 | Interior
Ein Ort der Regeneration
AXOR/Hansgrohe SE

**TRISOR München**
2021–2022 | Interior
Wertschließfachanbieter
TRISOR GmbH
München, Deutschland

**Salarieh Residential Tower**
2020–2022 | Architektur
Residential Highrise
Farmanieh, Teheran, Iran
10.300 qm

**Reetdachhaus**
2012–2022 | Architektur, Interior
Ferienhaus
Hörnum, Sylt, Deutschland
350 qm
→ **S. 202**

**Beiersdorf AG**
2015–2022 | Architektur
Konzernzentrale
Hamburg, Deutschland

**Hamburger Hochbahn AG**
2019–2022 | Architektur, Design
Gestaltungsleitfaden für die Linie U5
Hamburger Hochbahn AG
Hamburg, Deutschland

**Contemporary Persia**
2022 | Produktdesign
Textilkollektion
Christian Fischbacher Co. AG
→ **S. 216**

**Lookbook**
2022 | Kommunikationsdesign
Contemporary Persia Collection
Christian Fischbacher Co. AG

**Serie 270**
2022 | Produktdesign
Beschlagserie
HEWI Heinrich Wilke GmbH
→ **S. 208**

**W3D**
2022 | Produktdesign
3d gedruckter Aktivhocker
Wagner Living GmbH
→ **S. 220**

**Volksbank-Areal Freiburg**
2016–2021 | Architektur
Bank-, Büro- und Geschäftshaus sowie Schulerweiterungs- und Hotelgebäude
Freiburg, Deutschland
43.000 qm

**Volksbank Freiburg HQ**
2017–2021 | Interior
Headquarter mit Bank- und Büroflächen
Freiburg, Deutschland

**Courtyard by Marriott**
2017–2021 | Interior
Hotelgebäude
Freiburg, Deutschland

**Amiran Residence**
2018–2021 | Architektur
Wohnhaus
Asef, Sarvestan Street, Iran
19.000 qm

**Signage System**
2021 | Kommunikations-design
Mercator One
Duisburg, Deutschland

**SEFI Properties**
2021 | Interior
Showroom
Teheran, Iran

**Eloquia**
2021 | Produktdesign
Büroleuchtenserie
Zumtobel Lighting GmbH

**Fassadenkeramikfächer**
2021 | Kommunikations-design
Musterbuch für Archi-tekten
AGROB BUCHTAL GmbH

**Packaging Giveaways**
2021 | Kommunikations-design
AGROB BUCHTAL GmbH

**MIKA 9-11 Multifunktio-neller Innenraum**
2019–2020 | Interior
Restaurant der gehobenen Klasse & Privatkino
Teheran, Iran
720 qm

**Berliner Bogen – Neugestaltung Eingangsbereich**
2019-2020 | Interior, Außenanlagen
Bürogebäude
Hamburg, Deutschland

**Mercator One**
2017–2020 | Architektur
Büro- und Geschäfts-gebäude
Duisburg, Deutschland
17.149 qm

**Humboldthafen**
2013–2020 | Architektur
Wohn- und Bürogebäude
Berlin, Deutschland
37.600 qm

**Area PRO architecture ceramics**
2020 | Kommunikations-design
Musterfolder
AGROB BUCHTAL GmbH

**HADI-M UND HADI-Q**
2020 | Produktdesign
Büroleuchtenserie
PROLICHT GmbH

**Arian Building**
2018–2019 | Architektur
Bürogebäude
Teheran, Iran
6.500 qm

**Washington House**
2012–2019 | Architektur
Wohnhochhaus
Mumbai, Indien
38.000 qm

**Arnulfstraße**
2014–2019 | Architektur
Wohnungsbau
München, Deutschland
25.000 qm

**HT Chair**
2019 | Produktdesign
Auditoriumstuhl
Poltrona Frau S.p.a.

**Mr. Steed**
2019 | Produktdesign
Garderobenhaken
Iserlohner Haken

**Grid Sunglasses**
2019 | Produktdesign
Capsule collection
HARBOUR Brillen GmbH

**Architektur Keramik**
Seit 2018 | Kommunika-tionsdesign
Musterfolder
AGROB BUCHTAL GmbH

**Hamburger Hochbahn AG**
2017–2018 | Architektur, Design
Wettbewerb: Gestaltungs-leitfaden für die Linie U5
Hamburger Hochbahn AG
Hamburg, Deutschland

**Aviapark Ost & West**
2011–2018 | Architektur
Wohnungsbau
Moskau, Russland

**Apartment Complex Sadovnitcheskaya**
2012–2018 | Architektur
Wohngebäude
Moskau, Russland
30.000 qm

**Tehran Stock Exchange**
2014–2018 | Architektur, Interior (Wettbewerb/ Interiordesignkonzept)
Börse, Handelsplatz, Auditorium, Konferenz und Büro
Teheran, Iran
4.500 qm

**Jubilee Hills Landmark**
2011–2018 | Architektur
Hotel- und Wohngebäude
Hyderabad, Indien
80.000 qm

**Flare of Frankfurt**
2015–2018 | Architektur
Hotel, Wohn- und Geschäftshaus
Frankfurt am Main, Deutschland
24.500 qm

**New City Center**
2009–2018 | Architektur
Hotel, Büro- und Geschäftshaus
Minsk, Weißrussland
147.370 qm

**Apartment Sadovnit-scheskaya 3–7**
2012–2018 | Architektur
Wohn- und Geschäftshaus
Moskau, Russland
30.000 qm

**Skolkovo Techno Park**
2011–2018 | Architektur
Wohnhäuser
Moskau, Russland

**Kamran Street No. 4**
2011–2018 | Architektur, Interior
Wohngebäude
Teheran, Iran
5.000 qm
→ **S. 192**

**Open Frameworks**
2018 | Produktdesign
Parkett und Laminat Edition
Parador GmbH & Co. KG

**Marble Wing**
2018 | Produktdesign
Chaiselongue
DRAENERT GmbH

**Messestand BAU 2017**
2017 | Produkt- und Kommunikationsdesign
AGROB BUCHTAL GmbH
München, Deutschland

**Three George**
2012–2017 | Architektur
Bürohochhaus Revitali-sierung
Düsseldorf, Deutschland
14.000 qm

**Fleet Office 1 & 2**
2010–2017 | Architektur
Bürokomplex
Hamburg, Deutschland

**Corpus**
2017 | Produktdesign
Modulares Deckensystem
OWA – Odenwald Faserplattenwerk GmbH

**Harvest Collection**
2017 | Produktdesign
Korkbodenkollektion
AMORIM Deutschland GmbH

**Omnibrand Showroom HK**
2015–2016 | Interior
Showroom & Office
Omnibrand Ltd.
Hongkong, China

**Mix**
2016 | Produktdesign
Teppichfliesenkollektion
Carpet Concept Objekt-Teppichboden GmbH

**stylecast®**
2016 | Produkt- und Kommunikationsdesign
Wand- & Fassadenverkleidung
alimex GmbH Precision in Aluminium

**ONELINE**
2016 | Produktdesign
Pendel- & Schreibtischleuchte
Steng Licht AG

**LoungeBox**
2016 | Produktdesign
Gartenhaus
weka Holzbau GmbH

**ChromaPlural**
2015 | Kommunikationsdesign
Musterfolder
AGROB BUCHTAL GmbH

**AbuDhabi Duty Free**
2014–2015 | Interior
Airport Retail Duty Free
Gebr. Heinemann SE & Co. KG
Abu Dhabi, Vereinigte Arabische Emirate

**88north**
2007–2015 | Architektur
Büro- und Geschäftsgebäude
München, Deutschland
65.000 qm

**25 Jahre Architektur, 15 Jahre Design**
2015 | Design
Ausstellung
Hamburg, Deutschland

**RE/COVER green PARTS**
2014 | Kommunikationsdesign
Musterfolder
Vorwerk & Co. Teppichwerke GmbH & Co. KG

**The World of Flooring**
2014 | Kommunikationsdesign
Imagebroschüre
Vorwerk & Co. Teppichwerke GmbH & Co. KG

**Messestand Euroshop**
2014 | Interior, Design
Vorwerk & Co. Teppichwerke GmbH & Co. KG
Düsseldorf, Deutschland

**Home4 automation**
2014 | Kommunikationsdesign
Hausautomation
eQ-3 AG

**New Classics**
2014 | Produktdesign
Parkett und Laminat Edition
Parador GmbH & Co. KG

**Flughafen Shop Hamburg**
2012–2013 | Interior, Design
Duty Free Shop – Regionals
Gebr. Heinemann SE & Co. KG
Hamburg, Deutschland
110 qm

**Neue Rabenstraße**
2010–2013 | Architektur
Bürogebäude
Hamburg, Deutschland
14.985 qm

**Stadtmöbelkonzepte für Köln**
2013 | Produktdesign
Ströer SE & Co. KGaA

**wood**
2013 | Produkt- und Kommunikationsdesign
Zirbenholz-Möbel, Kataloggestaltung und Websitekonzept
Wuschko Gmbh

**RE/COVER green**
2013 | Produkt- und Kommunikationsdesign
Elastischer Bodenbelag
Vorwerk & Co. Teppichwerke GmbH & Co. KG

**Busch-MasterLight**
2013 | Produktdesign
Orientierungslicht
Busch-Jaeger Elektro GmbH

**OWAconsult® collection**
2013 | Produkt- und Kommunikationsdesign
Deckensysteme
OWA – Odenwald Faserplattenwerk GmbH

**7th Floor OWA**
2012 | Interior, Design
Showroom
Armorbach, Deutschland
450 qm

**Messestand Eurocucina**
2012 | Interior
Marmo Arredo SpA
Mailand, Italien
100 qm

**Bürohaus An der Alster**
2010–2012 | Architektur
Bürohaus
Hamburg, Deutschland
1.0575 qm

**Harvestehuder Weg**
2009–2012 | Architektur
Wohngebäude
Hamburg, Deutschland
3.400 qm

**Tanzende Türme**
2003–2012 | Architektur
Bürogebäude, Restaurant, Musikclub, Bar, Hotel
Hamburg, Deutschland
64.000 qm
→ **S. 196**

**Bay Gate**
2005–2012 | Architektur
Bürogebäude
Dubai, Vereinigte Arabische Emirate
81.500 qm

**Elbe 36**
2008–2012 | Architektur
Bürogebäude
Hamburg, Deutschland
7.200 qm

**Oledo**
2012 | Produkt- und Kommunikationsdesign
LED Leuchtenfamilie
Corporate Design
OLEDO GmbH

**Busch-Wächter**
2012 | Produktdesign
Bewegungsmelder
Busch-Jaeger Elektro GmbH

**Bricks**
2012 | Produktdesign
Kerzenleuchter
Carl Mertens International GmbH

**Ronald McDonald Haus**
2010–2011 | Architektur
Apartmenthaus
Tübingen, Deutschland
2.400 qm

**Hadi Teherani Headquarter**
2011 | Interior
Büro
Hamburg, Deutschland
1.200 qm

**Poggenpohl HQ HK**
2011 | Interior
Office
Hongkong, China
1.200 qm

**Poggenpohl Showroom**
2011| Interior
Hongkong, China
700 qm

**Zayed University**
2009–2011 | Architektur, Interior
Universität
Abu Dhabi, Vereinigte Arabische Emirate
100.000 qm
→ **S. 186**

**Messestand Heimtextil**
2011 | Interior, Design
Vorwerk & Co. Teppichwerke GmbH & Co. KG
Frankfurt am Main, Deutschland

**Röma 16**
2006–2011 | Architektur, Interior
Bürogebäude
Hamburg, Deutschland
9.740 qm

**Skygarden Arnulfpark**
2004–2011 | Architektur
Bürokomplex
München, Deutschland
34.000 qm

**Lanserhof Lans**
2011 (bis Bauantrag) | Interior
Gesundheitszentrum
Tegernsee, Deutschland
13.000 qm

**Systexx**
2011 | Produktdesign
Glasgewebekollektion
Vitrulan Textile Glass GmbH

**Messestand Qubique**
2011 | Interior, Design
Vorwerk & Co. Teppichwerke GmbH & Co. KG
Berlin, Deutschland

**E-Bike**
2011 | Produktdesign
Elektro-Fahrrad
ALTEC Vermögensverwaltung GmbH & Co. KG

**SCALE LIVING**
2011 | Produkt- und Kommunikationsdesign
Teppichfliesenkollektion
Vorwerk & Co. Teppichwerke GmbH & Co. KG

**Messestand Mipim**
2010 | Interior, Design
Inteco
Cannes, Frankreich
40 qm

**Messestand Ambiente**
2010 | Interior, Design
Ritzenhoff AG
Frankfurt am Main, Deutschland
400 qm

**Twin Towers**
2005–2010 | Architektur
Hotel, Büro- und Wohngebäude
Dubai, Vereinigte Arabische Emirate
160.626 qm

**Ludwig-Bölkow-Haus**
2006–2010 | Architektur
Bürogebäude
Schwerin, Deutschland
7.050 qm

**Firmengebäude Wöhner**
2001–2010 (1. BA) | Architektur
Büro, Produktion, Vertrieb, Lager
Rödental bei Coburg, Deutschland
3.469 qm (1. BA)

**H2Office**
2001–2010 | Architektur
Bürogebäude
Duisburg, Deutschland
17.176 qm

**Kranhäuser**
1991–2010 | Architektur
Büro- und Wohngebäude
Köln, Deutschland
72.200 qm
→ **S. 180**

**Smart Beam**
2010 | Produktdesign
Induktionsdurchlass zum Heizen und Kühlen
Trox GmbH

**Sign**
2010 | Produktdesign
Tischarchitektur
Ritzenhoff AG

**Tribute to Architecture Collection**
2010 | Produktdesign
Manschettenknöpfe
Montblanc International GmbH
→ **S. 178**

**Level**
2010 | Produktdesign
Garderobe
Schönbuch GmbH

**T-Ray**
2010 | Produktdesign
Ledersessel und -sofa
Walter Knoll AG & Co. KG
→ **S. 176**

**S 8000**
2010 | Produktdesign
Konferenztisch
Thonet GmbH

**+Artesio**
2010 | Produktdesign
modulare Einbauküche
Poggenpohl Möbelwerke GmbH

**Busch-iceLight**
2010 | Produktdesign
Orientierungsleuchte
Busch-Jaeger Elektro GmbH

**Messestand 100% Design**
2009 | Interior, Design
Vorwerk & Co. Teppichwerke GmbH & Co. KG
London, Großbritannien

**Gesamtschule Bergedorf**
2005–2009 | Architektur
Bibliothek
Hamburg, Deutschland
180 qm

**Kiton Rome**
2009 | Interior
Flagshipstore
Ciro Paone S.p.A.
Rom, Italien
60 qm

**Kiton at Saks Fifth Avenue**
2009 | Interior
Shop in Shop
Ciro Paone S.p.A.
New York City, USA
170 qm

**Hadi Teherani Design Studio**
2009 | Interior, Design
Büro und Showroom
Hamburg-HafenCity, Deutschland
270 qm

**Kranhaus Süd – Freshfields**
2008–2009 | Interior
Office/Mieterplanung
Freshfields Bruckhaus Deringer

**BRT RUS**
2009 | Interior
Büro
Moskau, Russland
800 qm

**Messestand Contract World**
2009 | Interior, Design
Vorwerk & Co. Teppichwerke GmbH & Co. KG
Hannover, Deutschland
20 qm

**Gorch-Fock-Schule**
2005–2009 | Architektur
Erweiterungsbau
Hamburg-Blankenese, Deutschland
1.750 qm

**Baya**
2009 | Produktdesign
Nisthaus
Garpa Garten & Park Einrichtungen GmbH
→ S. 200

**SCALE und FreeScale**
2009 | Produkt- und Kommunikationsdesign
Teppichfliesenkollektion
Vorwerk & Co. Teppichwerke GmbH & Co. KG

**Süd-Carré**
2005–2008 | Architektur
Bürogebäude
Hamburg, Deutschland
17.600 qm

**Kiton Venice**
2008 | Interior
Flagshipstore
Ciro Paone S.p.A.
Venedig, Italien
186 qm

**Flughafen Shop Hamburg**
2007–2008 | Interior, Design
Duty Free Shop – Regionals 1
Gebr. Heinemann SE & Co. KG
Hamburg, Deutschland
110 qm

**Kundenzentrum Rathaus Eppendorf**
2008 | Interior
Kundenzentrum
Hamburg, Deutschland
650 qm

**Messestand Expo Real**
2008 | Interior, Design
Inteco
München, Deutschland
174 qm

**home4**
2005–2008 | Architektur
Wohn- und Geschäftshaus
Hamburg-HafenCity, Deutschland
4.460 qm

**BMW-Niederlassung**
2005–2008 | Architektur
Ausstellung, Verkauf und Werkstatt
Düsseldorf, Deutschland
11.130 qm

**Rathaus Eppendorf**
2006–2008 | Architektur
Büro- und Geschäftshaus
Hamburg, Deutschland
13.049 qm

**Architects Paper**
2008 | Produkt- und Kommunikationsdesign
Tapete und Wandmodul
A.S. Creation Tapeten AG

**Silver Rollcontainer**
2008 | Produktdesign
Büromöbel
Interstuhl Büromöbel GmbH & Co. KG

**Flow 300**
2008 | Produktdesign
Badkeramikserie
Keramag Keramische Werke GmbH

**Tubic**
2008 | Produktdesign
Tisch- und Wandleuchte
Anta Leuchten GmbH

**Eco Tec**
2008 | Produktdesign
Flachgewebter Teppichboden
Carpet Concept Objekt-Teppichboden GmbH

**FSB 1183**
2008 | Produktdesign
Tür- und Fensterbeschläge
FSB – Franz Schneider Barkel GmbH + Co KG

**Kiton London**
2007 | Interior
Flagshipstore
Ciro Paone S.p.A.
London, Großbritannien
140 qm

**Kiton Hamburg**
2007 | Interior
Flagshipstore
Ciro Paone S.p.A.
Hamburg, Deutschland
380 qm

**Bürohaus 3hoch5**
2006–2007 | Architektur
Bürohaus
Düsseldorf, Deutschland
5.700 qm

**Oberwallstraße**
2005–2007 | Architektur
Wohn- und Bürogebäude
Berlin, Deutschland
4.200 qm

**home4**
2004–2007 | Architektur
Wohngebäude
Köln, Deutschland
4.287 qm

**Velum am Arnulfpark**
2004–2007 | Architektur
Wohn- und Geschäftshaus
München, Deutschland
8.308 qm

**Breite Straße**
2003–2007 | Architektur
Büro- und Geschäftshaus
Düsseldorf, Deutschland
5.500 qm

**Comod**
2007 | Produktdesign
Sideboard-Familie
behr international GmbH & Co. KG

**Design Edition**
2007 | Produktdesign
Handgetuftete Teppiche
JAB Josef Anstoetz KG

**Wall Street**
2006 | Interior, Design
Ausstellung
Hamburg, Deutschland
1500 qm

**Messestand Mipim**
2006 | Interior, Design
Inteco
Cannes, Frankreich
32 qm

**Europa Passage**
1997–2006 | Architektur
Büro- und Geschäftshaus
Hamburg, Deutschland
142.000 qm

**Dockland**
1998–2006 | Architektur, Interior
Bürogebäude
Hamburg, Deutschland
13.544 qm
→ S. 172

**Landmark**
2006 | Produktdesign
Stadtmöbel
Wall AG

**Silver Möbel**
2006 | Produktdesign
Büromöbelserie
Interstuhl Büromöbel GmbH & Co. KG

**Silver Wood**
2006 | Produktdesign
Holzschalenstuhl
Interstuhl Büromöbel GmbH & Co. KG

**Heliodisc**
2006 | Produktdesign
Task Area Leuchte
Zumtobel Lighting GmbH

**China Shipping**
2001–2005 | Architektur
Bürogebäude
Hamburg-HafenCity, Deutschland
6.300 qm

**Hohe Bleichen X3**
2003–2005 | Architektur
Büro- und Geschäftshaus
Hamburg, Deutschland
2.200 qm

**BP-Zentrale Bochum**
2003–2005 | Architektur
Bürogebäude
Bochum, Deutschland
26.100 qm

**Jahreszeiten Verlag**
1999–2005 | Architektur
Bürogebäude
Hamburg, Deutschland
33.375 qm

**Elbschlosspark Döhle**
2002–2005 | Architektur, Interior
Bürogebäude
Hamburg, Deutschland
19.500 qm

**Flow 150**
2005 | Produktdesign
Badkeramikserie
Keramag Keramische Werke GmbH

**Bend**
2005 | Produktdesign
Tür- und Fensterbeschläge
Tecnoline GmbH

**Kiton Düsseldorf**
2004 | Interior
Flagshipstore
Ciro Paone S.p.A.
Düsseldorf, Deutschland
150 qm

**Living Bridge**
2004 | Architektur
Konzept
Hamburg, Deutschland
200.300 qm

**Apotheker- und Ärztebank**
2003–2004 | Interior
Bankfiliale
Hamburg, Deutschland
2.020 qm

**Bürohaus Landwehr**
2002–2004 | Architektur
Bürohaus, Einzelhandel
Hamburg, Deutschland
20.293 qm

**Humboldt-Campus**
2002–2004 | Architektur
Bürohaus mit Bankfiliale
Hamburg, Deutschland
12.300 qm

**Kay-Degenhard-Haus**
1999–2004 | Architektur
Büro- und Geschäftsgebäude
Berlin, Deutschland
786 qm

**Silver Chair**
2004 | Produktdesign
Bürostuhlserie
Interstuhl Büromöbel GmbH & Co. KG
→ **S. 170**

**Kiton Tokyo**
2003 | Interior
Flagshipstore
Ciro Paone S.p.A.
Tokio, Japan
156 qm

**Carré Mainzer Landstraße**
2000–2003 | Architektur
Wohn- und Bürogebäude
Frankfurt am Main, Deutschland
30.200 qm

**Elbberg Campus Altona**
1999–2003 | Architektur
Bürogebäude
Hamburg, Deutschland
19.500 qm

**Planetarium**
2001–2003 | Interior
Modernisierung
Hamburg, Deutschland
2.696 qm

**Lofts Falkenried**
2000–2003 | Architektur
Wohngebäude
Hamburg, Deutschland
7.284 qm

**Papierfabrik Palm**
2002–2002 | Architektur
Bürogebäude
Aalen, Deutschland
1.883 qm

**Neumühlen Rickmers**
1999–2002 | Architektur
Bürogebäude
Hamburg, Deutschland
7.100 qm

**Deichtor-Center**
2000–2002 | Architektur, Interior
Bürogebäude
Hamburg, Deutschland
24.000 qm
→ **S. 166**

**Tec Wave**
2002 | Produktdesign
Textilboden
Carpet Concept Objekt-Teppichboden GmbH

**Transparency**
2002 | Produktdesign
Luxury Vinyl
Armstrong DLW GmbH

**Bürohaus Wexstraße**
2001–2002 | Architektur
Bürohaus
Hamburg, Deutschland
3.046 qm

**Energieforum**
2001–2002 | Architektur
Internationales Solarzentrum, Themenpark, Büro, Gastronomie
Berlin, Deutschland
16.596 qm

**Bürohaus Bei den Mühren**
2000–2002 | Architektur
Bürohaus
Hamburg, Deutschland
3.000 qm

**Dorint Hotel**
2000–2002 | Architektur
Hotel
Hamburg, Deutschland
10.420 qm

**Bürohaus Grimm 6**
2000–2001 | Architektur
Bürohaus
Hamburg, Deutschland
2.500 qm

**Bürohaus Sechslingspforte**
1999–2001 | Architektur
Bürohaus
Hamburg, Deutschland
3.342 qm

**Druckzentrum sh:z**
1999–2001 | Architektur
Büro- und Produktionsgebäude
Rendsburg-Büdelsdorf, Deutschland
12.500 qm

**Swiss Re**
1998–2001 | Architektur
Bürogebäude
Unterföhring bei München, Deutschland
54.000 qm
→ **S. 158**

**Stadtparkturm**
1999–2001 | Architektur
Bürogebäude
Hamburg, Deutschland
88.70 qm

**Berliner Bogen**
1998–2001 | Architektur
Bürogebäude
Hamburg, Deutschland
43.000 qm
→ **S. 162**

**Berliner Tor Center**
1998–2001 | Architektur
Bürogebäude
Hamburg, Deutschland
22.000 qm

**Litebox**
2001 | Produktdesign
Lichtmöbel
Emdelight GmbH

**Kiton**
2000 | Interior
Showroom
Mailand, Italien
333 qm

**Polizeipräsidium**
1995–2000 | Architektur
Bürogebäude
Hamburg, Deutschland
63.892 qm

**Hauptbahnhof**
1996-2000 | Architektur
Bahnhofsgebäude
Hannover, Deutschland
42.300 qm

**Kontorhaus ABC-Bogen**
1995–2000 | Architektur
Bürogebäude
Hamburg, Deutschland
16.200 qm

**St@ndby Office**
2000 | Produktdesign
mobiler Arbeitsplatz
König + Neurath AG

**Scholz & Friends**
1999 | Interior
Büro
Hamburg, Deutschland
5.000 qm

**Stadtentwässerung**
1998–1999 | Architektur
Werkstatt und Bürogebäude
Hamburg, Deutschland
5.125 qm

**Fernbahnhof Flughafen**
1995–1999 | Architektur
Bahnhofsgebäude
Frankfurt am Main, Deutschland
38.155 qm
→ **S. 152**

**Doppel-X**
1995–1999 | Architektur
Bürogebäude
Hamburg, Deutschland
20.000 qm
→ **S. 148**

**Schulungszentrum DV AG**
1997–1999 | Architektur
Bürogebäude
Stapelfeld, Deutschland
2.385 qm

**Firmengebäude Dibbern**
1995–1998 | Architektur
Fassadengestaltung
Bargteheide, Deutschland

**Firmengebäude Tobias Grau**
1995–1998 | Architektur, Interior
Büro- und Produktionsgebäude
Rellingen, Deutschland
4.160 qm
→ **S. 142**

**Fährhausstraße**
1996–1998 | Architektur, Interior
Wohngebäude
Hamburg, Deutschland
195 qm

**Neue Alsterarkaden**
1995–1998 | Architektur
Öffentliche Passage
Hamburg, Deutschland
400 qm

**Villa Dibbern**
1995–1998 | Architektur, Interior
Wohngebäude
Ahrensburg, Deutschland
969 qm

**Büro Holzdamm**
1997 | Interior
Bürogebäude
Hamburg, Deutschland

**Bürohaus Pacific Haus**
1995–1997 | Architektur
Bürohaus
Hamburg, Deutschland
9.200 qm

**C&A Glasbrücke**
1994–1997 | Architektur
Interne Verbindung
Hamburg, Deutschland
32 qm

**Lofthaus am Elbberg**
1994–1997 | Architektur, Interior
Bürogebäude
Hamburg, Deutschland
3.340 qm
→ **S. 136**

**„Der Wurm“**
1996 | Architektur
Büro- und Wohnhaus
Schwerin, Deutschland
1.956 qm

**Sparkasse Kiel**
1992–1996 | Architektur, Interior
Bankgebäude mit Schalterhalle
Kiel, Deutschland
7.000 qm

**Loft Falkenried**
1993 | Architektur
Büro- und Wohnhaus
Hamburg, Deutschland

**Büro Hopfensack**
1992 | Architektur, Interior
Bürohaus
Hamburg, Deutschland

**Car & Driver**
1990–1991 | Architektur
Autohaus
Hamburg, Deutschland
9.160 qm
→ **S. 132**

**HerrenHaus**
1988 | Interior
Mode- und Architekturstudio
Köln, Deutschland
150 qm

# Auszeichnungen
## Architektur

**Autohaus Car & Driver, Hamburg**
1991 | Bauwerk des Jahres,
AIV Architekten- und Ingenieurverein Hamburg e.V.

**Pacific Haus Holzdamm, Hamburg**
1996 | Bauwerk des Jahres,
AIV Architekten- und Ingenieurverein Hamburg e.V.

**Lofthaus am Elbberg, Hamburg**
1997 | Bauwerk des Jahres,
AIV Architekten- und Ingenieurverein Hamburg e.V.

**Lofthaus am Elbberg, Hamburg**, 1. Preisrang
**Alsterarkaden, Hamburg**, 2. Preisrang
1999 | BDA Hamburg Architektur Preis

**Firmengebäude Tobias Grau, Rellingen**, 1. Preisrang
**Sparkasse Kiel**, 2. Preisrang
**Schulungszentrum DV AG, Stapelfeld**, 2. Preisrang
**Villa Dibbern, Ahrensburg**, 3. Preisrang
1999 BDA-Preis Architektur in Schleswig-Holstein

**Bothe Richter Teherani**
1999 | Deutscher Kritikerpreis

**Bürohochhaus Doppel-X, Hamburg**
2000 | Architekturpreis der WestHyp-Stiftung
für vorbildliche Gewerbebauten, Anerkennung
2001 | FIABCI Prix d'Excellence

**Bürohaus Bei den Mühren, Hamburg**
2002 | Bauwerk des Jahres,
AIV Architekten- und Ingenieurverein Hamburg e.V.

**Schulungszentrum DV AG, Stapelfeld**
2002 | Deutscher Stahlbaupreis

**Bürohaus Berliner Bogen, Hamburg**
2002 | Deutscher Stahlbaupreis
2002 | NEPIX Building Award
2003 | MIPIM Award

**Elbberg Campus Altona, Hamburg**
2003 | Bauwerk des Jahres,
AIV Architekten- und Ingenieurverein Hamburg e.V.

**Bürohaus Deichtor-Center, Hamburg**
2003 | Office of the Year,
femb fédération européenne du mobilier de bureau
2005 | BDA Hamburg Architektur Preis, 1. Preisrang
2005 | BDA Hamburg / Die Welt Hamburg, Publikums-Architekturpreis

**Swiss Re, Unterföhring**, Anerkennung
2003 | Deutscher Architekturpreis

**Fernbahnhof Flughafen, Frankfurt am Main**
2003 | RENAULT traffic design award,
Sonderkategorie Bahnhöfe

**H2Office, Duisburg**
2005 | Bauwerk des Jahres,
AIV Architekten- und Ingenieurverein Hamburg e.V.

**Setun Hills Business Park, Moskau**
2006 | Building Awards, Building Media Group, Bürohaus des Jahres

**Bürowelten im Elbschlosspark, Hamburg**
2006 | Deutscher Stahlbaupreis

**BP-Zentrale Bochum**, Auszeichnung
2006 | Auszeichnung guter Bauten des BDA Bochum

**Europa-Passage, Hamburg**
2007 | MIPIM Award

**Bürohaus Dockland, Hamburg**
2005 | Bauwerk des Jahres,
AIV Architekten- und Ingenieurverein Hamburg e.V.
2006 | Deutscher Stahlbaupreis, Auszeichnung
2006 | Hypo Real Estate Architekturpreis
2007 | BDA Hamburg Architektur Preis,
Nike für die beste stadtbauliche Interpretation
2008 | Balthasar-Neumann-Preis 2008, engere Wahl
2008 | BDA Hamburg Architektur Preis, 2. Preisrang
2008 | BDA Hamburg / Die Welt Hamburg, Publikums-Architekturpreis

**Bürohaus Dockland, Hamburg**, Kategorie „Wohnungsbau"
**Lofts Falkenried, Hamburg**, Kategorie „Büro und Gewerbe"
2008 | Jahrbuch „Architektur in Hamburg",
Preisverleihung „Beste Projekte 1998–2008"

**Bürohaus X3, Hohe Bleichen,Hamburg**, Würdigung
2008 | BDA Hamburg Architektur Preis

**Bibliothek Gesamtschule Bergedorf, Hamburg**
2009 | Bauwerk des Jahres,
AIV Architekten- und Ingenieurverein Hamburg e.V.

**Bürohaus Dockland, Hamburg**
2009 | XVII Concorso Internationale „Sistema d'Autore METRA"

**„Kranhaus 1", Rheinauhafen Köln**
2009 | MIPIM Award

**Zayed Universität, Abu Dhabi**
2010 | Dubai Cityscape Award
Kategorie „Industry Choice Award"

**Kranhäuser Rheinauhafen Köln**
2010 | Kölner Architekturpreis, Anerkennung

**Home4 Hamburg**, 2. Preisrang
**Kundenzentrum Rathaus Eppendorf, Hamburg**, 3. Preisrang
2010 | BDA Hamburg Architektur Preis

**Home4 Hamburg**, 3. Preisrang
2010 | BDA Hamburg / Die Welt Hamburg, Publikums-Architekturpreis

**Gorch-Fock-Schule, Hamburg**, 1. Preisrang
**Bürohaus An der Alster, Hamburg**, Würdigung
**Bürohaus RÖMA 16, Hamburg**, Würdigung
**Wohnen Harvestehuder Weg, Hamburg**, Würdigung
**Eppendorfer Centrum, Hamburg**, Würdigung
2012 | BDA Hamburg Architektur Preis

**Ludwig-Bölkow-Haus, Schwerin**
2012 | Landesbaupreis Mecklenburg Vorpommern, Belobigung

**Tanzende Türme, Hamburg**
2012 | BDA Hamburg Architektur Preis, 3. Preisrang
2013 | ICONIC AWARDS: Innovative Architecture, Winner
2014 | MIPIM Award
2014 | FIABCI Prix d'Excellence Germany, Gold/Gewerbe
2015 | FIABCI Prix d'Excellence International Awards, Nominierung

**Skolkovo Techno Park, Moskau**
2015 | FIABCI Prix d'Excellence, Silber in der Kategorie „Masterplan"
2015 | Green Awards, Sieger in der Kategorie „Wohn-immobilien. Mit wenig Stockwerken"
2017 | MIPIM Awards Finalists – Best Futura Mega Project – Skolkovo Innovation Center (Skolkovo Techno Park is part of it)

**Fleet Office, Hamburg**
2018 | BDA Hamburg Architektur Preis, 2. Preisrang

**Flare of Frankfurt, Frankfurt am Main**
2019 | ICONIC AWARDS: Innovative Architecture, Winner

**Vanak Koddami, Teheran, Iran**
2019 | Best Architectural Image Award at the CGArchitects, Winner

**Mercator One, Duisburg**
2020 | BDA Architekturpreis Rechter Niederrhein
2021 | ICONIC AWARDS: Innovative Architecture, Best of Best
2021 | ICONIC AWARDS: Innovative Material, Best of Best
2021 | Heinze ArchitektenAWARD, Beste Nichtwohnbauten, Shortlist

**Volksbank Freiburg, Freiburg im Breisgau**
2022 | ICONIC AWARDS: Innovative Architecture, Winner
2022 | Badischer Architekturpreis

**Hafenpark Quartier, Frankfurt am Main**
2022 | ICONIC AWARDS: Innovative Architecture, Best of Best

**Kamran Street No. 4, Teheran**
2022 | The Architecture Master Prize: Prize Honorable Mention in Interior Architecture Photography / Interior Details

**ATMOSPHERE by Krallerhof, Leogang, Österreich**
2023 | German Design Award, Nominee
2023 | Österreichischer Stahlbaupreis, Hochbau
2023 | ICONIC AWARDS: Innovative Architecture, Best of Best

# Auszeichnungen
## Design

**Fernbahnhof Flughafen, Frankfurt am Main**
2003 | RENAULT traffic design award

**Transparency für Armstrong DLW**
2002 | Innovationspreis Architektur und Präsentation der AIT
2002 | Innovationspreis Architektur und Bauwesen der AIT
2002 | Innovationspreis Architektur und Boden der AIT

**St@ndby Office für König + Neurath**
2000 | Innovationspreis für Architektur und Office der AIT, ABIT und Intelligente Architektur
2001 | Contractworld.award – Best of Category des Industrie Forum Design Hannover
2001 | FX International Interior Design Award in der Kategorie Office Product Design
2001 | Focus Mobilität – Internationaler Designpreis Baden-Württemberg
2002 | Innovationspreis Architektur und Bauwesen der AIT, ABIT und Intelligente Architektur
2002 | Nominierung für den Designpreis der Bundesrepublik Deutschland

**Tec Wave für Carpet Concept**
2002 | Innovationspreis Architektur und Office der AIT in der Kategorie Synthese – Architekt und Industrie in Zusammenarbeit
2003 | Contractworld.award der Deutschen Messe AG in der Kategorie Textile Bodenbeläge als gestalterisches Element
2003 | iF design award für Produkt Design
2003 | Red Dot Award, Product Design
2003 | Hamburger Designpreis der Freien und Hansestadt Hamburg
2003 | Material Excellence, Material ConneXion, New York, Mailand
2004 | Designpreis der Bundesrepublik Deutschland

**Balance für Spectral**
2002 | Innovationspreis Architektur und Office der AIT in der Kategorie Synthese – Architekt und Industrie in Zusammenarbeit
2003 | iF design award für Produktdesign

**Silver für Interstuhl**
2003 | Red Dot Design Award, Productdesign
2003 | best selection office design
2004 | Innovationspreis für Architektur und Office der AIT
2005 | iF design award für Produkt Design
2005 | Good Design Award
2005 | NeoCon Gold Winner
2005 | Schöner Wohnen, Neue Klassiker, Die ersten 100 des 21. Jahrhunderts
2006 | Internationaler Designpreis Baden-Württemberg
2006 | Nominierung zum Designpreis der Bundesrepublik Deutschland
2007 | Red Dot Design Award für hohe Designqualität, die in beispielhafter Weise Innovation in Form und Funktion ausdrückten, für die Produktgruppe Silver Lounge

2007 | NeoCon Silver Winner
2007 | Goldmedaille BIURO 2007 Poznań
2008 | Nominierung zum Designpreis der Bundesrepublik Deutschland
2024 | German Design Award – Winner Excellent Product Design, Office Furniture

**Studioline-Leuchtfirst für Erlus**
2005 | iF material award

**Landmark Stadtmöbelfamilie für Wall AG**
2006 | 6. Hamburger Designpreis
2006 | Good Design Award
2007 | Red Dot Award, Product Design

**Eco Tec für Carpet Concept**
2009 | Innovationspreis Architektur und Boden der AIT
2013 | ICONIC Award in der Kategorie Product: Wall, Floor, Ceiling

**Baya für Garpa**
2010 | Red Dot Award, Product Design

**SCALE Teppichfliesenkollektion für Vorwerk**
2010 | Internationaler Designpreis Baden-Württemberg

**+Artesio für Poggenpohl**
2010 | Good Design Award
2011 | iF design award für Produktdesign
2011 | Red Dot Award, Best of the Best

**Busch-icelight für Busch-Jaeger**
2011 | Interior Innovation Award, Winner
2011 | Red Dot Award, Product Design
2011 | Rat für Formgebung, Design Deutschland selected

**Busch-Wächter für Busch-Jaeger**
2012 | Red Dot Award, Product Design
2013 | German Design Award, Winner Industrial Goods and Materials
2013 | Interior Innovation Award

**SCALE LIVING Teppichfliesenkollektion für Vorwerk**
2012 | ADAM AWARD in Silber für den Messeauftritt auf der Qubique in Berlin
2012 | AIT Innovationspreis Architektur & Textil
2013 | German Design Award, Nominee Selection, Home Interior

**OWAconsult®collection by Hadi Teherani für OWA / Odenwald Faserplattenwerk**
2013 | ICONIC Award in der Kategorie Product: Wall, Floor, Ceiling
2018 | ICONIC Award in der Kategorie Innovative Interior Design, Best of Best
2018 | iF design award, Winner in der Kategorie Office
2018 | China Good Design Award

**RE/COVER green für Vorwerk**
2013 | ICONIC Award in der Kategorie Product: Wall, Floor, Ceiling
2013 | ICONIC Award in der Kategorie B2B Communication
2014 | Bundespreis Ecodesign, nominiert

**Busch-MasterLight für Busch-Jaeger**
2014 | German Design Award, Special Mention
2014 | Good Design Award
2014 | Plus X Award in den Kategorien High Quality, Design, Funktionalität und Innovation
2014 | ICONIC Award in der Kategorie Building Technologies

**French Oak mixed für Parador**
2014 | iF design award für Produktdesign
2014 | Interior Innovation Award, Winner

**LoungeBox für weka**
2015 | German Design Award, Special Mention

**stylecast® für alimex**
2017 | ICONIC Award, Interior Innovation selection
2018 | German Design Award, Nominierung Excellent Communications Design
2018 | German Design Award, Winner in der Kategorie Buildings and Elements

**OWA Corpus für OWA / Odenwald Faserplattenwerk**
2017 | MIAW Design & Innovation Awards, Paris
2018 | German Design Award, Winner in der Kategorie Buildings and Elements
2018 | ICONIC Award in der Kategorie Innovative Interior Design, Best of Best
2018 | iF design award, Winner in der Kategorie Building Technology
2018 | bdia ausgesucht!
2018 | Red Dot Award, Best of the Best
2019 | BAKA Award, Preis für Produktinnovation

**Open Frameworks für Parador**
2018 | Red Dot Award, Product Design
2019 | ICONIC Awards: Innovative Architecture, Best of Best
2019 | European Product Design Award, Gold
2019 | Häuser des Jahres Award, Callwey Verlag, Produkt des Jahres
2019 | Good Design Award

**Mix für Carpet Concept**
2018 | ICONIC Awards: Innovative Architecture, Winner
2018 | Red Dot Award, Product Design

**Mr. Steed für Iserlohner Haken**
2019 | Form Award

**Serie 270 für HEWI**
2019 | ICONIC Awards: Innovative Architecture, Winner
2020 | German Design Award, Special Mention in der Kategorie Buildings and Elements
2020 | iF design award für Produkt Design
2022 | ICONIC Awards: Innovative Architecture, Best of Best

**Grid für HARBOUR Brillen**
2020 | German Design Award, Excellent Product Design, Lifestyle and Fashion, Winner

**Hadi-Q und Hadi-M für Prolicht**
2022 | German Design Award, Excellent Product Design, Lighting, Winner

**W3D für Wagner Living**
2023 | Stylepark Selected Award 2023
2024 | German Design Award, Excellent Product Design, Furniture, Winner

V. l. n. r.:
**Anja Sorger**
(Senior Designerin, Art Direktorin),
**Nicola Sigl**
(Head of Interior),
**Dr. Christian Bergmann**
(Partner und Head of Architecture),
**Hadi Teherani**,
**Sebastian Appl**
(Partner und Head of Architecture),
**Elke Malek**
(Head of Design)

**Payam Hazin**,
Geschäftsführer &
Gesellschafter,
Hadi Teherani Solar

**Christoph Woop**,
Architectural Director
Teheran

Fotos: Martin Mai, Berlin / Juliane Kiefer, Hamburg / privat

# Impressum

Ein Gesamtverzeichnis der lieferbaren Titel schicken wir Ihnen gerne zu.
Bitte senden Sie eine E-Mail mit Ihrer Adresse an:
vertrieb@koehler-books.de

Sie finden uns auch im Internet unter:
www.koehler-mittler-shop.de

Bibliografische Information der Deutschen Nationalbibliothek
Die Deutsche Nationalbibliothek verzeichnet diese Publikation in der Deutschen Nationalbibliografie; detaillierte bibliografische Daten sind im Internet über https://portal.dnb.de abrufbar.

ISBN: 978-3-7822-1541-1



Autor:
Matthias Gretzschel

Lektorat:
Annette Krüger

Koordination Hadi Teherani:
Anja Sorger

Gestaltung:
Jan Haux

Druck & Bindung:
Plump Druck & Medien GmbH
Rolandsecker Weg 33
53619 Rheinbreitbach
www.mhp-print.de

# Bildnachweis

Cover, S. 4–8 Axel Martens, Hamburg
S. 12–13 Roger Mandt, Berlin
S. 14 picture alliance / Sandra Demmelhuber | Sandra Demmelhuber
S. 17 Hadi Teherani privat
S. 18 picture alliance / Jörg Schierenbeck | Jörg Schierenbeck
S. 21 Hadi Teherani privat
S. 23 i-Stock / 50324163 / Fotograf: ajlber
S. 24 oben Hadi Teherani privat
S. 24 unten Wikimedia Commons: Illustration: Adelaide Hanscom and Blanche Cummin aus "The Rubaiyat of Omar Khayyam", tr. Edward Fitzgerald (Dodge Publishing Co. 1905, 1912)
S. 27 i-Stock / 492733938 / Fotograf: ivanadb
S. 28 oben Berlin-Brandenburgisches Wirtschaftsarchiv e.V.
S. 28 unten links Getty images / Fotograf: Keystone / Kollektion: Hulton Archive
S. 28 unten rechts picture alliance / ullstein bild | Jochen Blume
S. 30 Hadi Teherani privat
S. 34 oben Hadi Teherani privat
S. 34 unten Bundesarchiv, Bild 183-1984-0227-500 / CC-BY-SA 3.0
S. 37–50 Hadi Teherani privat
S. 53 picture alliance / imageBROKER | Thomas Robbin
S. 56 oben Hadi Teherani privat
S. 56 unten picture alliance / dpa | Maja Hitij
S. 63 picture-alliance / DUMONT Bildarchiv | Florian Werner
S. 68 oben picture alliance / Laci Perenyi | Laci Perenyi
S. 68 unten Thonet GmbH, Fotograf Constantin Meyer, Köln
S. 70 Hadi Teherani privat
S. 74 oben picture alliance / Bildarchiv Monheim | Florian Monheim
S. 74 unten picture alliance / dpa | Achim Scheidemann
S. 80 Jörg Hempel, Aachen
S. 83 oben picture alliance / AA | Firas Abdullah
S. 83 unten picture alliance / dpa | Daniel Bockwoldt
S. 85 Martin Classen, Köln
S. 88 Klaus Frahm, Hamburg
S. 92 Jörg Hempel, Aachen
S. 93 picture alliance / imageBROKER | Thomas Robbin
S. 95 Gerhard Linnekogel, Hamburg
S. 96 alle Fotos Jörg Hempel, Aachen
S. 98 oben picture alliance / Caro | Jandke
S. 98 unten Jörg Hempel, Aachen
S. 100 Gerhard Linnekogel, Hamburg
S. 103 picture alliance / Zoonar | RealityImages
S. 104 Klaus Frahm, Hamburg
S. 107 oben Rendering: Mir, Bergen, Norwegen
S. 107 unten Vorwerk Flooring
S. 110 picture alliance / ZB | Thomas Schulze
S. 113 Alessio Altavilla, Augsburg
S. 114 Yada Studio, Dubai, VAE
S. 117 Visualisierungen: The Panoptikon, Bukarest, Rumänien
S. 118 oben Visualisierung: The Panoptikon, Bukarest, Rumänien
S. 118 Mitte links Visualisierung: XOIO im Auftrag der B & L Gruppe
S. 118 Mitte rechts und unten: Olaf Rohl, Aachen
S. 120–129 Axel Martens, Hamburg
S. 132–221, S. 238-239: Bildnachweise direkt auf den jeweiligen Seiten
S. 222 Axel Martens, Hamburg
S. 227 Parham Raoufi, Teheran, Iran